Los acuerdos del alma

Si este libro le ha interesado y desea que lo mantengamos
informado de nuestras publicaciones, puede escribirnos a
comunicacion@editorialsirio.com,
o bien suscribirse a nuestro boletín de novedades en:
www.editorialsirio.com

Título original: MENDING THE PAST AND HEALING THE FUTURE WITH SOUL RETRIEVAL
Traducido del inglés por Antonio Luis Gómez Molero
Diseño de portada: Editorial Sirio, S.A.
Maquetación y diseño de interior: Natalia Arnedo

© de la edición original
2005, Alberto Villoldo

Publicado en inglés en 2005 por Hay House, California, USA.

© de la presente edición
EDITORIAL SIRIO, S.A.

EDITORIAL SIRIO, S.A.	**NIRVANA LIBROS S.A. DE C.V.**	**DISTRIBUCIONES DEL FUTURO**
C/ Rosa de los Vientos, 64	Camino a Minas, 501	Paseo Colón 221, piso 6
Pol. Ind. El Viso	Bodega nº 8,	C1063ACC
29006-Málaga	Col. Lomas de Becerra	Buenos Aires
España	Del.: Alvaro Obregón	(Argentina)
	México D.F., 01280	

www.editorialsirio.com
sirio@editorialsirio.com

I.S.B.N.: 978-84-17030-04-9
Depósito Legal: MA-249-2017

Impreso en Imagraf Impresores, S. A.
c/ Nabucco, 14 D - Pol. Alameda
29006 - Málaga

Impreso en España

Puedes seguirnos en Facebook, Twitter, YouTube e Instagram.

Alberto Villoldo

Los acuerdos del alma

Afrontar el pasado, sanar el futuro

EDITORIAL
SIRIO

A mi madre, Elena Villoldo,
que me enseñó a amar,
y a La Loba

PRÓLOGO

✳

ste libro es el resultado de más de veinticinco años de investigación y formación con chamanes de todo el continente americano. Los rituales de iniciación por los que pasé en las cumbres elevadas de los Andes y en la selva baja del Amazonas seguían las tradiciones ancestrales y requerían meses de preparación. En mi búsqueda para descubrir las prácticas curativas de este continente me guió un viejo inca, don Antonio —he narrado mis aventuras con este renombrado sanador en mis anteriores obras *Chamán, sanador, sabio*; *Dance of the Four Winds*, e *Island of the Sun*.

Las técnicas para recuperar el alma incluidas en este libro son mi reinterpretación contemporánea de prácticas curativas ancestrales que siguen empleándose en América del Norte y América del Sur, por ejemplo, entre las comunidades hispanas así como en la de los indios norteamericanos, cuando un niño sufre de la enfermedad llamada *susto* (o miedo), se le lleva a un lugar especial para restituirle la parte del alma que ha perdido o que le han robado. Pues bien, he adaptado y traducido estas prácticas a un contexto científico moderno.

Desgraciadamente, las prácticas de recuperación del alma se han perdido en la mayoría de las sociedades aborígenes. Sin embargo, tuve la inmensa suerte de pasar muchos años con los laika, maestros visionarios de la nación inca que me enseñaron estas habilidades. Ten en cuenta que las prácticas que voy a compartir contigo en este libro son extraordinariamente poderosas y eficaces, y solo deben usarse dentro de un código firme de ética e integridad. De hecho, gran parte del largo entrenamiento del chamán se dedica a desarrollar un elevado sentido de la ética basado en un respeto profundo por la vida en todas sus manifestaciones —del mismo modo que un médico occidental emplea como mínimo cinco años para aprender su profesión—. Solo entonces pueden dominarse adecuadamente las técnicas y procesos y emplearse para la curación.

«¿Es razonable dejar el cuidado de mi salud física o mental en manos de alguien que solo ha asistido a un taller de fin de semana sobre chamanismo o medicina energética?». Este es el dilema al que se enfrentan los occidentales que asisten a un breve curso sobre artes curativas. Si sientes la vocación de dedicarte a esta disciplina, dedícale todo el tiempo que necesites a formarte con profesores íntegros, sabios y con los suficientes conocimientos técnicos que te ayuden a desarrollar tus propios dones espirituales.

✲ ✲ ✲

Lo que me guió en mi travesía hacia el chamanismo fue el deseo de llegar a estar completo. Al sanar las heridas de mi alma aprendí a amarme a mí mismo y a los demás. Atravesé la senda del sanador herido y aprendí a transformar en fuentes de fuerza y compasión la tristeza, el dolor, la ira y la vergüenza de mi interior. En Healing the Light Body School (Escuela de Sanación del Cuerpo de Luz), la cual dirijo, los estudiantes se embarcan en una aventura de autocuración para transformar las heridas del alma en fuentes de poder y sabiduría. Aprenden que este es uno de los mayores regalos que más tarde ofrecerán a sus pacientes: la oportunidad de descubrir el poder y la sabiduría interiores en su propio viaje hacia la curación.

Por supuesto, no soy el primero en divulgar las prácticas curativas ancestrales del continente americano. La antropóloga Margaret Mead fue quien abrió la puerta para todos los que ahora seguimos sus pasos; y mi amiga y colega Sandra Ingerman, con su revolucionaria obra *Soul Retrieval: Mending the Fragmented Self*, fue la primera en darnos a conocer el poder y la belleza de esas antiguas prácticas curativas, además de proporcionarnos una guía práctica para sanarnos a nosotros mismos. Muchos otros, entre ellos Hank Wesselman y John Perkins, tendieron también puentes que han permitido a muchos adentrarse en el reino del espíritu indígena.

Por último, quiero aclarar que los métodos curativos de este libro son *mi propia* síntesis e interpretación de antiguas prácticas. No hablo en nombre de mis maestros, de los incas o de los chamanes indígenas; tampoco afirmo que representen sus tradiciones. Las prácticas de la recuperación del alma que describiré a continuación son adaptaciones de lo que aprendí durante mi formación como chamán, por lo que asumo toda la responsabilidad tanto de sus aciertos como de sus errores.

DR. ALBERTO VILLOLDO
www.thefourwinds.com

INTRODUCCIÓN

Durante la década de los ochenta pasé innumerables horas en un laboratorio estudiando la mente humana, buscando una prueba tangible de la consciencia oculta en la materia gris del interior de nuestras cabezas. Me fascinaba el extraordinario poder de la mente para crear enfermedades psicosomáticas, y fue esta fascinación lo que me llevó a estudiar psicología y, más tarde, antropología médica.

Después de un tiempo empecé a pensar que en lugar de buscar respuestas científicas en millones de sinapsis cerebrales, podía explorar un enfoque diferente para investigar la consciencia humana. Comencé con la teoría de que de la misma manera que podemos crear una *enfermedad* psicosomática, la mente debe de ser también capaz de crear *salud* psicosomática. Me propuse encontrar expertos que me dieran ideas sobre cómo podemos los seres humanos entrenar la mente para que se cure a sí misma y transforme el cuerpo.

Gracias a mis estudios de antropología conocí las culturas indígenas de Sudamérica en las que se afirmaba que los chamanes realizaban curaciones milagrosas, tanto en persona como a distancia. Decidí viajar a su mundo con una mente científica, pero manteniéndome abierto a lo que pudiera descubrir. Compré un buen cuchillo de caza y unas botas fuertes de montaña y dejé los confines de mi laboratorio en la Universidad Estatal de San Francisco para emprender una búsqueda que me llevaría a las selvas del Amazonas y, finalmente, a los chamanes incas que vivían en aldeas remotas a miles de metros de altura, en la cordillera peruana de los Andes.

Fui uno de los primeros antropólogos en tener una comunicación extensa con estos guardianes de la sabiduría, algunos de los últimos incas conocidos como los laika, han tenido muy poco contacto con gente del mundo exterior y cuyas enseñanzas no se han diluido debido a los misioneros u otras influencias occidentales. Lo más importante para mis estudios es que los laika siguen practicando técnicas curativas de sus ancestros cultivadas durante milenios y transmitidas de maestro a alumno, entre curanderos.

Al principio, los chamanes de todas las aldeas que visitaba eran completamente reacios a compartir su herencia conmigo (un occidental y un completo desconocido) pero con el tiempo me gané su confianza. En mis viajes iniciales observé que muchos niños de las aldeas sufrían las enfermedades de la civilización, entre ellas trastornos intestinales que se ensañaban con los bebés. Como estas dolencias no respondían a las hierbas y a las curas locales, comencé a llevar medicación para tratar a los niños. Con el tiempo, los campesinos empezaron a verme como una especie de curandero y me presentaron a sus propios curanderos, y por medio de ellos conocí a muchos otros.

Por ejemplo, don Antonio Morales, uno de los profesores de la Universidad de Cusco, que era un inca de pura sangre, se convirtió en mi mentor principal. Caminé con él por las altas montañas de los Andes, meditando en espacios sagrados y en templos ancestrales. Además estudié con curanderas de los altiplanos que me instruyeron acerca de los animales de poder y me mostraron cómo fundir mi consciencia con la de un felino de la selva y un cóndor. A pesar de mi formación occidental científica, aprendí a abrir mi visión interna. Descubrí los mapas del Mundo Inferior de nuestro pasado y del Mundo Superior de nuestro futuro, así como las técnicas de recuperación del alma y el destino, las mismas técnicas y procesos que aprenderás en este libro.

LOS DIFERENTES MUNDOS

Los laika dividen el inconsciente colectivo de toda la humanidad en tres partes: *Mundo Inferior*, *Mundo Medio* y *Mundo Superior*. No se trata de lugares físicos sino más bien de ámbitos arquetípicos y energéticos. Como escribió June Singer, la reputada analista junguiana:

> Lo maravilloso del inconsciente colectivo es que todo está ahí, todas las leyendas y la historia de la especie humana, con sus demonios sin exorcizar y sus delicados santos, sus misterios y su sabiduría, todo eso se encuentra en cada uno de nosotros, un microcosmos dentro del macrocosmos. La exploración de este mundo es más difícil que la del espacio exterior.

El mundo en el que vivimos, donde trabajamos y formamos nuestras familias, es el Mundo Medio; el Mundo Superior es la esfera invisible de nuestro destino y de nuestro espíritu; y el Mundo Inferior, donde se guardan los registros de toda la historia humana, es la esfera del alma. En el Mundo Medio, tenemos una percepción lineal del tiempo en la que el día de mañana siempre sigue al de hoy, de manera que es difícil imaginar cómo podríamos viajar al pasado o al futuro. Pero aprendiendo a viajar como explicaré más adelante podemos visitar el Mundo Superior y el Mundo Inferior, y en ellos existen agujeros de gusano que nos llevan al pasado y al futuro.

En este libro te enseñaré a viajar al Mundo Superior para encontrar tu mejor destino y manifestar en tu vida su significado y su propósito. Pero también viajarás al Mundo Inferior, donde se encuentran tu infancia y tus vidas anteriores, para recuperar las partes perdidas de tu alma. Estas partes del alma tomarán la forma de seres: un niño de siete años asustado, una madre angustiada o incluso un tirano cruel. Conocerás sus historias, sanarás sus heridas y adoptarás nuevos acuerdos que te liberarán de sus cargas; entonces recuperarás esas partes heridas de tu alma y las traerás al presente. Descubrirás tus dones ocultos, que puedes usar en la vida cotidiana en el Mundo Medio, y recuperarás un animal de poder que volverá a ponerte en contacto con tus instintos naturales.

Las cuatro salas del Mundo Inferior

El Mundo Inferior es el Edén primordial que, según la leyenda, perdimos. Es un paraíso terrenal en el que puedes regresar a cualquier momento de tu vida y en el que las partes perdidas de tu alma permanecen en gracia e inocencia. Este territorio está dividido en cuatro salas y cada una de ellas contiene un registro de la historia de tu alma:

1. La primera es la SALA DE LAS HERIDAS, donde descubres la herida original que provocó que huyera una parte de tu alma y truncó el curso de tu destino. Aquí no vas a encontrar la manifestación más reciente de esta herida, que puede ser una relación perdida o una crisis personal, sino su fuente, tal vez algo que te sucedió cuando eras un niño pequeño, o un incidente que se produjo cuando todavía estabas en el útero. Con frecuencia es una experiencia traumática de una vida anterior.

   Todo el mundo tiene una herida original que vuelve a abrirse una y otra vez de diferentes formas. Se convierte en un tema recurrente en tu vida, repitiendo con frecuencia sus temas de escasez, pérdida, falta de amor, traición o abandono dentro de una familia y a través de diferentes generaciones.

2. La segunda es la SALA DE LOS ACUERDOS, donde descubrirás las promesas que le hiciste a tu alma. Muchas de ellas serán obligaciones terribles a las que te comprometiste antes de nacer y de las que no eres consciente. La mayoría las suscribiste en medio del miedo y la angustia de tu herida original y ni siquiera conoces su existencia. En esta sala puedes renegociar los términos de un acuerdo mal redactado que te sentenció a una vida de sufrimiento continuo.

3. La tercera es la SALA DE LA GRACIA. Aquí encontrarás la parte de tu alma que ha sido sanada y está lista para volver a ti con toda su fuerza vital. La gracia es la energía que te hace avanzar en la vida, que te brinda alegría y paz. No basta con viajar (peregrinar) para descubrir

la patología creada por tus heridas; también debes ver la belleza, la armonía y los dones únicos de tu alma.

A veces, cuando trabajo con un paciente, descubro que su fuerza vital, que en su día fue un fuego impresionante lleno de fuerza, se ha convertido en una llama minúscula a punto de extinguirse. Este rescoldo que ha quedado apenas puede calentar el alma (esto lo veo con frecuencia en pacientes que sufren fatiga, ansiedad y depresión crónicas). Al devolverle la parte perdida de su alma, puede regresar a su estado natural de gracia y vitalidad, y reavivar su pasión por la vida.

4. La cuarta es la SALA DE LOS TESOROS. Tendemos a conformarnos con recoger los frutos que se encuentran más cerca de la superficie, que nos bastan para llevar una vida corriente. Pero debemos excavar más para conseguir las piedras preciosas, que están enterradas a mayor profundidad. Como sucede con los diamantes, los mayores tesoros solo pueden conseguirse con mucho esfuerzo. Cuando hago una recuperación de alma para alguien que tiene dificultades para manifestar lo que quiere llegar a ser, voy a esta sala para ayudarle a recobrar un don creativo o artístico que no ha expresado. Es ahí, en la profundidad del inconsciente, donde puede descubrir los recursos que le ayudarán a vivir más plenamente (también recuperaré un animal de poder que le ayudará a recobrar su instinto natural).

En cada una de estas salas, leerás algunos libros de la «biblioteca de tu vida» y descubrirás tus heridas, acuerdos, talentos y dones profundamente enterrados.

Viajar al pasado y al futuro

Voy a enseñarte a recuperar las partes perdidas de tu alma y también su claridad y su brillo originales. Explorarás la ubicua matriz de luz que organiza el tiempo en pasado, presente y futuro a través del *peregrinaje*, un estado único de conciencia al que se accede por medio de meditaciones guiadas y ejercicios de respiración. Peregrinar te permitirá regresar al pasado para sanar incidentes que ocurrieron hace mucho tiempo y encontrar un destino más deseable para ti y para tus seres queridos.

La física cuántica ha demostrado que el pasado y el futuro están conectados de una manera significativa aunque no causal. En el Amazonas aprendí a utilizar en mi propia vida estos descubrimientos de la física. Por ejemplo, mi editor da por hecho que este libro que ahora tienes en tus manos fue el resultado de escribir sus doce capítulos. Sin embargo, yo entiendo el proceso de una manera totalmente distinta: antes de empezar a escribir, rastreé las líneas de mi destino y encontré la que contenía el libro completo. Como pude adentrarme en el futuro, sabía que el libro acabado «tiraba» de mi escritura y la guiaba. En otras palabras, en realidad se escribió solo ya que el manuscrito recibía la orientación del libro ya publicado. Peregrinar me liberó de vivir exclusivamente en el tiempo lineal, me permitió buscar un destino superior al que tenía programado y al que me marcaba mi historia personal.

Rastrear el destino es una práctica común en las culturas indígenas de todo el mundo que perciben la naturaleza como un campo vibrante y pulsante de energía. Por ejemplo, para los aborígenes de Australia el mundo fue creado por «líneas de canto» o sendas invisibles que representan los caminos por los que anduvieron sus ancestros mientras creaban el mundo con su canto. En el continente americano, en la década de 1870, los osage, una nación indígena norteamericana trazó unas líneas del destino parecidas para saber dónde reubicar su tribu: su jefe eligió un área del este de Oklahoma para el reasentamiento, tras rastrear el destino más deseable para su pueblo. La leyenda dice que la tierra habló a las gentes y les dijo que se encargaría siempre de cuidarlas. Ciertamente los osage se convirtieron en la población más rica del mundo durante la fiebre del oro negro en los años veinte del pasado siglo, gracias a una enorme fuente de petróleo descubierta en sus tierras. A día de hoy, tienen acuerdos con algunos de los mayores productores de petróleo del país.

En este libro aprenderás que una vez que enmiendes el pasado podrás, al rastrear tu destino superior, sanar también el futuro. Como los osage, descubrirás en qué lugar te conviene vivir, qué trabajo es más significativo para ti y qué relaciones te llenan más.

El arte de sanar

Tras practicar la recuperación del alma con cientos de pacientes en los últimos veinte años, comprendí que una curación profunda se podía efectuar en cuestión de días o semanas en lugar de meses o años. Esta era la sabiduría que había estado buscando: una comprensión de la mente que va más allá de nuestros cuerpos físicos y en la que esta es el vehículo para la consciencia y la creadora de nuestra salud y nuestro destino. Después de dos décadas de investigación en el Amazonas y en los Andes he adaptado técnicas ancestrales transformándolas en procesos que podemos usar para corregir nuestro pasado y sanar nuestro destino. En estas técnicas se entretejen descubrimientos de anatomía, fisiología, biología y física que aportan un aire eminentemente contemporáneo y científico a estas prácticas curativas ancestrales. Cada año cientos de estudiantes de mi centro de enseñanza, The Four Winds Society,* aprenden a emplearlas para curarse a sí mismos y ayudar a los demás.

Pero, ¿qué significa sanar el futuro? *Sanar*, como verás, no es lo mismo que *curar*. Aunque sanar suele ir acompañado de una cura, una cura por sí sola rara vez logra una sanación. Por ejemplo, muchos conocemos a alguien que ha sido sometido a un *bypass* coronario o a quien le han extraído un tumor, pero que no ha sanado sus relaciones tóxicas ni cambiado su alimentación; por consiguiente, pasados unos meses o unos años sufre una recaída. También es probable que conozcamos a alguien que haya estado en psicoterapia durante años y que sin embargo es incapaz de establecer una relación saludable ni superar la ira que siente hacia sus padres. Pero también puede que conozcamos a una de esas personas que dicen: «El cáncer me salvó la vida», porque les dio la oportunidad de reinventarse en todos los aspectos de su ser, desde su alimentación hasta sus relaciones y carreras.

En otras palabras, la medicina se encarga de curar, y esto implica eliminar los síntomas, mientras que sanar consiste en adoptar una forma saludable de vivir para de esta manera eliminar la causa del sufrimiento y la enfermedad, y luego crear un destino significativo. Por tanto, a lo que nos dedicamos es a la práctica de la sanación.

---

* N. del T.: Sociedad de los Cuatro Vientos.

La medicina occidental cura el cuerpo, mientras que la psicología trata la mente, pero la sanación se encarga del alma y el espíritu. Los laika creen que el mundo físico se encuentra dentro de la esfera de la mente, que reside en el ámbito del alma, que a su vez se ubica entre los pliegues del espíritu. El espíritu es el manantial del que emerge todo lo demás: es luz pura.

Los laika, al ser videntes que perciben el mundo invisible de la energía y el espíritu, saben que *todo* en el universo está hecho de luz, y que es la luz la que forma y crea la materia. En algunas creaciones, como los árboles y las piedras, la luz está muy compacta mientras que en otras, como los ríos o la luz del sol, tiene una naturaleza más fluida. Hoy en día los descubrimientos científicos confirman que al examinar en profundidad el corazón de la materia y llegar a su nivel esencial, todo lo que encontramos es vibración y luz.

Por eso, trabajando directamente con el alma y el espíritu podemos ocasionar cambios en los demás niveles, como el cuerpo y la mente. El cambio al nivel del espíritu transforma el mundo.

CÓMO USAR ESTE LIBRO

Ten en cuenta que la recuperación del alma es un asunto que no debe tomarse a la ligera (de hecho, a mis estudiantes les pido que no traten de guiar a nadie a una recuperación del alma hasta que hayan dominado este proceso durante su formación). Las técnicas de este libro te ayudarán en este proceso, pero al principio puede ser muy desconcertante porque quizá hayas olvidado o reprimido las heridas profundas que causaron la pérdida de tu alma. Sin embargo, mediante la recuperación del alma llegarás a reintegrar *todos* los aspectos de esta.

Los procesos de este libro son eminentemente prácticos. En cada capítulo encontrarás meditaciones guiadas que te permitirán utilizar inmediatamente el peregrinaje en tu vida. Cuanto más practiques estas técnicas, más diestro te volverás y mayor será tu eficiencia para sanarte y rastrear tu destino.*

El primer paso que debes dar es entender que la mente y el alma experimentan el tiempo de manera distinta y cómo las heridas que hemos sufrido afectan a nuestros chakras (centros de energía). Esto es lo que explicaré en el siguiente capítulo. Comencemos.

---

* Nota del editor: creemos que es difícil leer los ejercicios de peregrinaje –algunos son bastante extensos– y luego cerrar los ojos y recordar los pasos. Te sugerimos que leas y grabes cada ejercicio para volver a escucharlo cuando estés preparado para peregrinar.

PRIMERA PARTE

PREPÁRATE PARA RECUPERAR EL ALMA

CAPÍTULO UNO

LA FÍSICA DEL DESTINO

Dejé mi laboratorio de la universidad para perderme en el Amazonas. Durante trescientos millones de años, la vegetación se ha polinizado a sí misma en este lugar, produciendo una infinita variedad de enredaderas, helechos y árboles enormes. Ayer tropecé con una rama caída y ya hay un limo verde creciendo del corte. Me estoy convirtiendo en un experimento andante de biología. Mañana llegaré a la aldea donde vive don Ignacio. Es un sanador famoso, un *hatun* laika, un maestro del viaje más allá de la muerte, un hombre que es tan temido como amado en esta región. Dicen que puede rastrear tu destino del mismo modo en que otros hombres pueden rastrear a un ciervo por el bosque.

Solo hay una forma de vida en el planeta. Y tiene sentido del humor. El ADN se explora a sí mismo adoptando la forma de rana, tapir, jaguar, humano, orquídea, ave, e incluso la de esos delfines de vientre rosado que han viajado seis mil millas río arriba por el Amazonas para convertirse en peces de agua dulce. Si los chamanes hubieran conocido la doble hélice de la vida, seguramente la habrían convertido en un dios.

DEL DIARIO DE ALBERTO

Muchas culturas aborígenes comparten la creencia de que nuestro cuerpo y el del resto de los seres vivos tienen centros de energía conocidos como *chakras*, vórtices giratorios de luz donde la energía se recibe, se expande y se intercambia con la naturaleza.

La columna vertebral está atravesada por siete chakras. Tienen forma de embudos; sus bocas se extienden de dos y medio a cinco centímetros por encima de la piel y las puntas estrechas se conectan con la médula espinal. A través de estos centros de energía recibes impresiones del mundo: por ejemplo, sientes amor en el corazón; excitación sexual, miedo y peligro en el vientre; e ideas en la frente. A través de tus chakras puedes pasar del mundo de la materia del cuerpo al de la luz y el espíritu.

Tus centros de energía están rodeados por un campo de energía luminosa o *aura* (del que aprenderás más en el capítulo 12). Cuando está sano, cada centro de energía vibra con uno de los siete colores del arcoíris, dando brillo y luminosidad a tu aura.

La pérdida del alma también está registrada en tus chakras: cada uno de ellos contiene todos los recuerdos de los incidentes dolorosos que te mantienen ligado al karma o al destino. Cada herida afecta a un chakra distinto, y cuando uno está herido, pierde recursos vitales. Su fuerza esencial se escapa y se vuelve apagado y grisáceo, de manera que las emociones asociadas con este centro de energía también se vuelven confusas, y se atenúa el fulgor de tu campo luminoso de energía.

En los siguientes capítulos aprenderás a recobrar y reinstalar estos recursos vitales en los chakras apropiados durante una sesión de recuperación del alma. Tras peregrinar para descubrir la herida original que causó la pérdida de tu alma, podrás devolverle al chakra herido la esencia y la energía de esa parte del alma.

LOS CHAKRAS

Ahora vamos a conocer mejor cada centro de energía, comenzando por los chakras inferiores (he descrito el sistema de chakras en profundidad en mi libro *Chamán, sanador, sabio*, de manera que aquí me limitaré a ofrecer un breve resumen de cada uno):

Los chakras inferiores

1. El CHAKRA RAÍZ, localizado en la base de la columna, representa la puerta a la Madre Tierra y a lo femenino. Cuando la pérdida del alma se produce en este primer centro, puedes sentirte desvalido. Empiezas a desconfiar de los demás y a buscar la seguridad en lo material. Cuando sanas este centro, desaparece toda la sensación de escasez y pobreza (el primer y segundo chakras contienen también muchas de las historias de tus vidas pasadas).

2. El CHAKRA SACRO se halla a cuatro dedos por debajo del ombligo. Activa las glándulas suprarrenales y es el área donde residen la pasión, la sexualidad y la conciencia inicial de ti mismo. Aquí es donde reside tu respuesta de lucha o huida (estrés), que activa la producción de adrenalina para que puedas enfrentarte al peligro con una mayor diligencia y rapidez. Cuando la pérdida del alma se produce en este chakra, la respuesta de lucha o huida permanece activada permanentemente.

Mi paciente Amy, por ejemplo, había estado sufriendo los efectos de este aumento de adrenalina durante casi cinco décadas, desde el momento en que, siendo una niña, fue atropellada por un coche cuando montaba en bicicleta. Aunque no sufrió ningún daño en el accidente, recuerda cómo cayó al suelo y, al frenar el coche, quedó atrapada debajo. Por lo tanto, una parte de Amy había permanecido «atrapada» bajo ese automóvil durante años, sin atreverse a salir de ahí, sin fuerzas para luchar *ni* para huir.

Con la recuperación del alma, Amy recobró una parte perdida de esta que le enseñaba a confiar en que el mundo había vuelto a ser un lugar seguro. Cuando sanas el segundo chakra, dejas de vivir asustado y el mundo deja de ser un lugar amenazador.

3. El CHAKRA DEL PLEXO SOLAR influye en cómo te expresas en el mundo. Cuando está sano, este centro de energía hace que permanezcas fiel a tu propia naturaleza. Sin embargo, cuando la pérdida del alma se produce aquí eres proclive a sentir tristeza y vergüenza o, por el contrario, a tener un ego inflado. La cuestión es que ya no sabes quién eres de verdad. Cuando sanas una pérdida del alma en este centro, las relaciones familiares y personales adquieren claridad y estabilidad y la conciencia de ti mismo se vuelve clara y definida.

4. El CHAKRA DEL CORAZÓN, localizado en el centro del pecho, es donde sientes y compartes el amor. Cuando la pérdida del alma se produce aquí, confundes el amor real con el enamoramiento; también puedes llegar a enamorarte de ti mismo. Sin embargo, cuando se sana

este centro, llegas a ser capaz de amar y perdonar de una manera totalmente desinteresada.

Como el corazón es el eje de todo el sistema de chakras, cuando no tengo una idea clara de en qué punto hace falta recuperar una parte del alma, guío a mis pacientes al chakra del corazón. A partir de ahí, la energía sanadora de este centro se dirije al chakra que más la necesite.

Los chakras superiores

Los chakras inferiores son de la tierra, mientras que los superiores son del cielo y se apoyan en aquellos del mismo modo en que las ramas superiores de un árbol se apoyan en su tronco.

5. El CHAKRA DE LA GARGANTA se ubica en el hueco de la garganta y es tu centro psíquico; te da la capacidad de comunicarte sin palabras. Cuando la pérdida del alma se produce aquí, eres proclive a sufrir trastornos del sueño, miedo a alzar la voz o a ser oído, problemas de peso y una incapacidad para distinguir cuándo la gente no es sincera. Si tienes un quinto chakra herido, tendrás problemas incluso para ser sincero contigo mismo. Cuando sanas este chakra, puedes acceder a tu poder personal, redescubrir tu voz interna y comunicarte de una manera clara y sincera.

6. El CHAKRA DEL TERCER OJO está localizado en medio de la frente. Aquí obtienes el conocimiento de que tú y Dios sois inseparables; a través de este chakra puedes expresar la divinidad que hay en ti y eres capaz de verla

también en los demás. Cuando la pérdida del alma se produce en este centro, te vuelves excesivamente cerebral y desconectado de tus sentimientos. Pero cuando la sanas, consigues ver la verdad espiritual y dejas de sentirte separado de lo divino.

7. El CHAKRA DE LA CORONILLA está localizado en la parte superior de la cabeza y sirve de entrada al cielo del mismo modo que el chakra raíz sirve de entrada a la tierra. Cuando la pérdida del alma se produce aquí, experimentas una tremenda sensación de aislamiento, pero cuando sana, eres capaz de peregrinar energéticamente a través del espacio y el tiempo, volviéndote uno con el cielo y la tierra (y solo cuando hemos sanado nuestros siete chakras podemos ayudar a otro a peregrinar y recobrar la parte perdida de su alma).

Dos chakras adicionales

Mientras que en muchas tradiciones orientales se supone que todos los chakras existen dentro del confín de nuestros cuerpos, los laika creen que hay dos chakras adicionales que van más allá de nuestra naturaleza física:

8. El CHAKRA DEL ALMA gravita sobre nuestra cabeza como un sol radiante —hemos visto este chakra representado como un halo dorado sobre Cristo y como una banda de luz que rodea a Buda—. El alma extiende rayos de luz que nos conectan con los ríos y los bosques, y con el lugar donde ahora vivimos. Estos rayos también se extienden a nuestra historia personal y nuestro destino. En capítulos posteriores aprenderás

a rastrear esos hilos de energía que yo llamo hebras de tiempo para sanar el pasado e influir en el futuro. Los laika descubrieron que este chakra es el gran arquitecto del cuerpo físico. Cuando mueres, se expande hasta formar un globo luminoso que envuelve los otros chakras. Tras un periodo de ajuste y purificación entre encarnaciones, forma otro cuerpo, como ha hecho una y otra vez a lo largo de numerosas vidas. El octavo chakra eligió a tus padres biológicos, además del hogar y las circunstancias en las que naciste. Del mismo modo que un carpintero construye una silla y llega un día en que la quema en su chimenea, sin sentir dolor porque sabe que puede construir otra fácilmente, el octavo chakra no sufre ningún sentimiento de dolor ante la muerte del cuerpo; sencillamente crea otro. Si en este chakra quedara un registro de la pérdida del alma, sería como un defecto que se repite en cada nueva «silla» (o cuerpo físico). Te llevaría a recrear familias, circunstancias vitales y relaciones parecidas a las que tuviste en una vida anterior con objeto de sanar esta herida.

9. El CHAKRA DEL ESPÍRITU reside fuera del campo de energía luminosa en el centro de toda la creación y corresponde a lo que es infinito. Esta es la matriz de la totalidad del cosmos, una red luminosa omnipresente, que transporta energía e información de una parte del universo a otra. Los laika tienen la capacidad de sentir esta red y de entrar en contacto con ella, y usan la práctica de peregrinar para «soñar el mundo y hacerlo realidad», participando conscientemente en la

evolución de la Tierra. Centrar nuestra conciencia en el noveno chakra nos permite peregrinar al pasado para sanar antiguos traumas y al futuro para recuperar nuestro destino.

Ten presente que no podemos acceder a los chakras del alma y del espíritu hasta que sanemos las heridas y las pérdidas de alma en el resto de los chakras. Cuando así lo hacemos, dejamos de identificarnos con nuestra historia y nos identificamos únicamente con el espíritu.

El Eterno Ahora

Nosotros, los físicos convencidos, sabemos que la diferencia entre el pasado, el presente y el futuro es solo una ilusión, aunque eso sí, muy persistente.

Albert Einstein

Para la mayoría de nosotros el tiempo lo definen las manecillas del reloj, los calendarios, nuestras experiencias pasadas y nuestros planes futuros. Probablemente has crecido oyendo que «el tiempo vuela», es decir, que fluye irreversiblemente del pasado al presente, como una hoja que cae en el río y luego flota corriente abajo. Los psicólogos examinan la infancia para encontrar la causa del sufrimiento presente y los médicos miran el historial clínico familiar y personal buscando el origen de una enfermedad o un achaque..., todo lo cual parece de sentido común si crees que lo que rige tu vida es sencillamente el principio de causa y efecto. La ciencia llama a este principio *causalidad*, una «ley» según la cual el pasado siempre desemboca en el presente y le da forma.

Para los laika el tiempo transcurre en modo avance y retroceso entre el mañana y el ayer: es como un río que sigue perezosamente su curso hacia el mar y en lo más hondo de este hay una corriente que va hacia atrás, a su fuente, y hacia delante, rumbo al infinito.

Mientras la mayoría de la gente se contenta con dejarse llevar por la corriente, los individuos dotados aprenden a viajar por estas «hebras de tiempo» para corregir incidentes que ocurrieron en el pasado e influir en el futuro. Es decir, realmente puedes mirar al futuro para encontrar la respuesta a una pregunta del presente, y al hacerlo se pondrán en marcha la sincronicidad y el azar para guiarte a una solución. El futuro siempre desemboca en el presente y puede transformarlo, si lo invitamos a hacerlo.

Aprenderás a usar el peregrinaje para liberarte del tiempo lineal y de la causa y el efecto e invitar al futuro a guiarte. Mientras peregrinamos, el tiempo cesa, solo existe el Eterno Ahora, la matriz de la creación, y el hoy deja de brotar del ayer. Gracias a ello, te liberas de las garras del tiempo, transportándote a un estado en el que todo transcurre al unísono.

Bajo la tutela de los laika aprendí a usar el peregrinaje para entrar en el Eterno Ahora y sanar la manera en que los hechos de mi pasado vivían en mí. Con entrenamiento y práctica, construir tu vida desde el futuro llegará a ser tan fácil para ti como lo es construirla de la manera en que estás acostumbrado a hacerlo, es decir, ensamblando los fragmentos rotos del pasado traídos al presente. Puedes explorar posibles destinos e instalar un futuro más deseable en el presente.

Peregrinar te permitirá liberarte de la causa y el efecto del karma. Puedes vivir la vida con un pie en la esfera del espíritu eterno y otro en el mundo físico. Al hacerlo, descubrirás que ambos territorios comparten una base común y que verdaderamente la diferencia entre el pasado y el futuro no es más que un ilusión.

La leche «desderramada»

Tu capacidad innata para experimentar el tiempo transcurriendo a la vez hacia atrás y hacia delante se ve ensombrecida por el hecho de que, por ejemplo, no has tenido nunca la experiencia de ver un vaso de leche «desderramarse» desde el suelo. Esto se debe al principio de *entropía*, que deriva de la *segunda ley de la termodinámica*. Este principio afirma que el desorden o caos siempre aumentará con el tiempo (no hace falta estudiar en Harvard para entender esto; basta con que tengas hijos). Este movimiento hacia el caos es evidente en todo lo que nos rodea (nuestras casas necesitan reparación, los relojes se quedan sin cuerda), de manera que es fácil ir del estado ordenado de la leche en el vaso al estado desordenado de la leche derramada en el suelo, del pasado al futuro, pero no en sentido inverso. El movimiento hacia el desorden parece inevitable y da la impresión de que el universo está agonizando hacia una muerte lenta y fría.

Sin embargo, los sistemas vivos desafían la segunda ley: la vida busca el orden, la belleza y la complejidad y aborrece el caos. Los orgánulos se unen para formar células, que se agrupan para formar tejidos, que luego se unen para convertirse en órganos que a su vez constituyen seres humanos, águilas y todo tipo de seres vivos. Mientras que los entes inertes del universo se rompen, la vida sigue creando bellas flores, enormes robles y ballenas.

En los años que pasé estudiando con los laika experimenté cómo peregrinar nos permite acceder a regiones del cerebro que pueden ayudarnos a liberarnos de la segunda ley. La física llama a este proceso *no localidad*.

No localidad

La física cuántica ha demostrado que cuando envías dos fotones de luz en sentido contrario y atrapas uno con un polarizador, esta acción afecta al otro instantáneamente, lo que sugiere que entre ellos no intervienen ni el tiempo ni la distancia. Esto es lo que llamamos no localidad, o la capacidad de influir en los incidentes sin tener en cuenta la distancia o el tiempo.

La no localidad presenta dos características: la primera es que no es necesario que intervenga energía o fuerza alguna para que se produzca —solo se requiere intencionalidad, es decir, el deseo de que eso ocurra—, y la segunda es que no hay tiempo ni distancia, es decir, no existe un mensaje que viaje del presente al pasado, o al futuro. La capacidad de influir en los incidentes no disminuye con el tiempo ni con la distancia. En otras palabras, no hay *ahora* en contraposición a *entonces*; por el contrario, todo sucede simultáneamente.

La prueba de la no localidad en el nivel cuántico supone un reciente avance científico, aunque los laika han entendido desde hace mucho la vinculación que existe entre los acontecimientos lejanos. Para la mayoría de la gente la experiencia más cercana que han tenido con este fenómeno les ha venido a través de la oración, algo con lo que todos estamos familiarizados (tanto si la practicamos como si no). El poder de la oración para curar a un individuo a distancia ha sido documentado por al menos veintitrés estudios científicos rigurosos. Aunque esto también se puede aplicar a los estudios llevados a cabo con plantas: uno de ellos descubrió que la soja verde germinan antes cuando se les reza, lo que no puede explicarse por medio de la psicología ni por el «efecto placebo»; al fin y al cabo, no puedes sugestionar a una legumbre para hacer que crezca más rápido o resista las enfermedades.

⁂ ⁂ ⁂

Sabemos que la oración puede ejercer influencia sobre acontecimientos lejanos y sanar a distancia, pero ¿qué sucede con nuestro poder para influir en lo que ya ha sucedido? Un estudio aparecido en la publicación *British Journal of Medicine* expone los resultados de un experimento de oración retroactiva. Los investigadores hicieron que un ordenador dividiera al azar los historiales clínicos de cinco mil pacientes con infecciones en el torrente sanguíneo en dos grupos. Se rezó solo a un grupo. A continuación se comprobaron los historiales y se descubrió que los pacientes por los que se había rezado tuvieron periodos de fiebre y estancias en el hospital más breves *a pesar de que esas oraciones se rezaron diez años después de que se les hubiera dado de alta.* Los pacientes recibieron los beneficios de las oraciones debido a la naturaleza no local del tiempo. El momento en el que se rezó en realidad coincidió con el de la enfermedad porque en el Eterno Ahora todo sucede a la vez.

La no localidad explica también cómo muchos incidentes que consideramos «paranormales» son sencillamente fenómenos naturales. Por ejemplo, en la novela de 1898 *Futility* (*El hundimiento del Titán*), que se había escrito catorce años antes de que el *Titanic* surcara las aguas, se describe con gran lujo de detalles una embarcación ficticia llamada *Titan*. Las similitudes entre el trasatlántico real y el de ficción son extraordinarias: cada nave contaba con dos mástiles y tres hélices y se había publicitado como una insumergible, pero lo más estremecedor es que cada una tenía una capacidad para tres mil pasajeros y no disponía de suficientes botes salvavidas y que ambas sufrieron una colisión fatal con un iceberg en el mes de abril. ¿Es esta una mera coincidencia o el escritor de la novela rastreó el futuro y contempló el probable destino del verdadero *Titanic*?

Los experimentos de la física cuántica han demostrado que el universo puede estar conectado de una manera que no percibimos, a un nivel que incluye nuestra propia consciencia e intencionalidad. Podemos afirmar con seguridad que en el universo todo está interconectado en una matriz luminosa que no entiende de distancia, pasado o futuro.

Peregrinar es un método ancestral que permite el contacto intencional con una energía invisible de la que todos formamos parte. Por medio del peregrinaje aprendí que podía despojarme de mi identificación con mi yo herido y con los incidentes dolorosos de mi pasado.

Descubrí mi destino, que siempre había estado a mi alcance pero que no conocía.

En los capítulos siguientes aprenderás las técnicas para sanar tus heridas y cambiar tu destino. Descubrirás mapas antiguos para explorar las cuatro salas del alma y los viejos mitos que describen el viaje del héroe te orientarán en tu senda. Pero antes que nada tenemos que hacer una distinción entre destino y suerte..., lo que nos lleva al capítulo dos.

CAPÍTULO DOS

TRANSFORMAR LA SUERTE EN DESTINO

Descubrí que al final la ciencia es solo una metáfora de la naturaleza, no la naturaleza en sí. Es una metáfora que ha reemplazado las viejas leyendas acerca de los dioses del cielo y la tierra. Ya no tratamos de aplacar la ira del dios del rayo o el viento; podemos explicar cómo los frentes de baja presión causan tormentas tropicales, pero en el proceso hemos dejado de asombrarnos ante la creación y esta ha perdido todo su misterio. Sabemos por qué las abejas sienten atracción por las flores, pero nos olvidamos de oler las rosas o de ser como las lilas del campo...

Siguiendo un sendero de medio metro de ancho llegué esta mañana a la casa de don Ignacio. Aquí todo es frondoso, enredado y húmedo. Él vive en una aldea, o más bien en un conjunto familiar de viviendas a la orilla del río Madre de Dios. Le pregunto a un niño y me dice que la aldea se llama El infierno. Estoy rodeado de árboles del tamaño de edificios de oficinas. Esta es la tierra de los gigantes. Allá arriba los papagayos cazan insectos, detrás de mí el río fluye con suavidad... A mí esto me parece el paraíso. El infierno es el lugar de donde vengo, un sitio en el que el hormigón ha aplastado a la naturaleza. El infierno. «Es por las aves —me explicaría don Ignacio más tarde—. Graznan constantemente, como los misioneros».

DEL DIARIO DE ALBERTO

Aunque los dos términos se emplean indistintamente existe una marcada diferencia entre *suerte* (que es conocida como *karma* en las tradiciones orientales) y *destino* (conocido también como *dharma*). La suerte viene determinada de antemano por nuestra familia, nuestra historia, nuestros genes y nuestras heridas emocionales. Hablamos de la suerte de las naciones con un sentido de inevitabilidad. A veces se dice del encuentro de dos individuos o la ruptura de una relación que «la suerte quiso que sucediera». Y en muchas culturas los curanderos identifican dos tipos de enfermedades: las que vienen de Dios y las que vienen del hombre. A pesar de que pueden tener síntomas idénticos, si una enfermedad se considera procedente de Dios, no hay nada que el curandero pueda hacer para aliviar el dolor.

En otras palabras, la suerte es una serie predestinada y aparentemente inevitable de incidentes que nos suceden. Parece imposible de evitar y nos acecha en cada punto de inflexión de nuestras vidas; por ejemplo, dejamos a nuestra pareja y al final terminamos en una relación idéntica con otra persona. La suerte, además, es fatal; de hecho, uno de los sinónimos de esta palabra es *fatalidad*.

En cambio, el destino es el propósito y la vocación de una vida, y puede descubrirse y materializarse. Los antiguos griegos creían que la suerte estaba hilada con cierto hilo y que una vez que se había tejido formando una tela era irreversible;

sin embargo, veían el destino como una fuerza o entidad que podía intervenir para volver a tejer la tela de la suerte. Creo que el destino también puede producirse sin intervención divina, pero requiere que seas consciente de tus heridas pasadas y respondas a la vocación con la que naciste para poder tomar las riendas de tu propia vida.

El destino te permite trascender la suerte y vivir libre de una programación negativa tanto emocional como genética. Al hacerte cargo de tu destino puedes liberarte de la herencia de un cáncer de mama o una enfermedad cardiaca, o de una historia emocional que te hace tener una y otra vez una pareja con la que no te entiendes. El destino te permite explorar la vida en lugar de tropezar continuamente con ella. Cuando tomes las riendas de tu destino, podrás participar conscientemente en tu propio desarrollo.

※ ※ ※

Los biólogos y los laika entienden la evolución de forma distinta. Los primeros están convencidos de que se produce solo entre generaciones, es decir, que nuestros hijos pueden ser más inteligentes y sanos que nosotros, pero que la generación actual ya no puede cambiar. La ciencia cree que nuestros genes no se pueden alterar, y que estamos condenados a heredar ciertos rasgos y tendencias de generaciones anteriores. Por tanto, si tu familia tiene una predisposición genética, tus hijos están sentenciados: el cáncer de mama que heredaste de tu madre está esperando a manifestarse en tu hija y la enfermedad cardiaca que viene de tu padre afectará a tu descendencia el día menos pensado. Sin embargo, para los laika la evolución se produce dentro de la misma generación, así que, de hecho, puedes desenredar las capas de tu código genético para modificar tu ADN y cambiar tu suerte genética.

Creo que podemos modificar nuestro destino de manera que nuestros hijos hereden los rasgos que sanamos al desenrollar las hebras del código genético. Por medio del peregrinaje podemos rastrear un destino en el que sanamos y envejecemos de otra manera, uno en el que evitamos manifestar las afecciones de nuestros antecesores o revivir los traumas de nuestra niñez. El peregrinaje puede llevarnos a desarrollar un cuerpo nuevo basado no solo en lo que hemos sido en el pasado sino en quienes seremos dentro de diez milenios.

La búsqueda de Perceval

El mito del siglo XII de Perceval y su búsqueda del Santo Grial ilustra cómo podemos ir en pos de nuestro propio grial y descubrirlo, transformando así la suerte en destino. Ya que esta leyenda ha sido una de las más perdurables e influyentes de nuestra historia, he decidido usarla para que nos ayude a entender la búsqueda del destino.

Al principio de la narración vemos al joven Perceval protegido por su madre, Dolor de Corazón, que ya perdió a su marido y a dos hijos en la guerra. Temiendo que Perceval quiera seguir sus pasos y armarse caballero para morir de un modo tan horrible, lo cría en el bosque, aislado de la civilización. Dolor de Corazón vive para proteger a su hijo de la vida.

Una mañana, cuando Perceval está jugando en el bosque, se encuentra con un grupo de cinco caballeros vestidos con armaduras brillantes portando largas lanzas, y se siente irresistiblemente atraído hacia su vida aventurera.

Queda tan impresionado con los galantes caballeros y sus maneras que inmediatamente decide dejar su casa y armarse caballero. Su madre, asustada, le suplica que no la abandone, pero Perceval está decidido a viajar a la corte del rey Arturo y unirse a la legendaria Tabla Redonda. La madre, con lágrimas en los ojos, le da su bendición y le entrega una sencilla prenda de vestir confeccionada por ella. Le pide que respete a las doncellas y que no sea curioso ni haga preguntas. Con este regalo y estas advertencias, Perceval se pone en marcha y comienza su aventura para convertirse en caballero y cumplir su destino.

Cuando llega a la corte del rey Arturo vestido con la ropa que le bordó su madre, pide que le nombren caballero y todos se ríen de él. Pero Perceval insiste una y otra vez, hasta que finalmente se le concede una audiencia con el rey. Entre los miembros de la corte hay una encantadora doncella que lleva seis años sin reírse ni sonreír. Según la leyenda, solo volverá a reír cuando aparezca el mejor caballero del mundo. Al ver a Perceval, estalla en una risa llena de júbilo que asombra a la corte. «¿Quién es este chico que ha logrado lo que nadie consiguió nunca? ¿Podría ser que este bobo inexperto fuera el caballero que estamos esperando?», se preguntaban.

El rey le explica a Perceval que para unirse a la Tabla Redonda deberá luchar contra el Caballero Rojo, el guerrero más temido del reino, y derrotarlo; y que si gana la batalla, podrá hacerse con su caballo y su armadura. Perceval desafía al terrible caballero y, pese a su inexperiencia, lo mata gracias a un golpe de suerte. Victorioso, se coloca sobre su atuendo la armadura del Caballero Rojo y el monarca le nombra caballero.

La siguiente tarea de Perceval es encontrar el Santo Grial y devolverlo a la corte del rey Arturo. Gournamond, un viejo sabio, le proporciona valiosas instrucciones para guiarlo en su búsqueda. Su consejo es muy claro: si Perceval entra alguna vez en el castillo del Grial y se encuentra con la sagrada reliquia, deberá preguntarse: «¿A quién sirve el Grial?».

Antes de embarcarse en sus aventuras caballerescas, Perceval decide visitar a su madre para mostrarle todo lo que ha logrado, pero al llegar a su puerta se entera de que ha muerto de tristeza por su marcha. Torturado por la culpa, sigue su camino y pronto se encuentra con Blanca Flor, una bella dama cuyo castillo está sufriendo un asedio. La joven implora a Perceval que la salve y él entra en la batalla desafiando valientemente a sus atacantes y recuperando su reino. Tras la batalla pasa una noche casta con Blanca Flor y por la mañana reanuda su búsqueda del Santo Grial.

Un día, mientras busca alojamiento para la noche, Perceval se encuentra a unos campesinos que le dicen de que no hay cobijo en treinta millas a la redonda. Sin embargo, pronto llega a un lago, donde ve a un hombre pescando solo en una barca. El pescador lo invita a pasar la noche en su morada, que se encuentra cerca de allí, le indica cómo llegar y se despide de él. Para la sorpresa del joven caballero, el hogar del pescador es en realidad el legendario castillo del Grial. Cuando Perceval cruza el foso, se encuentra en un lugar de ensueño con una corte majestuosa de cuatrocientos caballeros y damas que rodean al Rey Pescador. Este yace dolorido en su lecho, sufriendo por una antigua herida sin curar en el muslo. Perceval comprende que el hombre al que tomó por un sencillo pescador era en realidad el Rey Pescador.

Se celebra un gran banquete en el que el Rey Pescador entrega una espada a Perceval. Como parte de las celebraciones, se saca el Santo Grial, que va pasando de mano en mano por la corte. Todos beben de él y se les garantiza un deseo, excepto Perceval y el Rey Pescador, que no pueden beber del Grial hasta que su herida esté sanada. Perceval se pasa toda la cena sentado en silencio, obedeciendo la advertencia de su madre de no hacer preguntas. Los miembros de la corte le miran entusiasmados ya que llevan mucho tiempo esperando que se cumpla la profecía que dice que un día aparecerá en el castillo un joven inocente y le hará una pregunta al Grial que liberará su poder y curará al rey.

Pero Perceval no dice nada, y a la mañana siguiente se encuentra el castillo vacío. Él sigue adelante, con su nueva espada al cinto, mientras a sus espaldas se desvanece el castillo del Grial. Con el paso de los años logrará realizar un sinfín de gestas caballerescas, como matar dragones, derrotar a caballeros enemigos, rescatar bellas doncellas y hacer realidad toda esa grandeza que vio en él el rey Arturo. Su reputación por sus hazañas caballerescas se extiende y llega al rey Arturo, que pide que traigan de nuevo al caballero a su corte. Se celebra una gran fiesta y un torneo en honor de Perceval y se le concede el mayor prestigia y respeto que pueda tener ningún caballero. Sin embargo, en el punto más álgido de la celebración, aparece una bruja. Delante de todo el mundo recita la letanía de los muchos pecados, imperfecciones y fallos de Perceval, el mayor de los cuales fue no formular la pregunta al Grial cuando tuvo la oportunidad de hacerlo.

Humillado por la bruja, Perceval vuelve a emprender la búsqueda del Castillo del Grial, pero lo único que encuentra son más batallas y adversidades. Un día, en el otoño de su vida, se encuentra finalmente con un grupo de peregrinos que le increpan por llevar su armadura de batalla en Viernes Santo, una de las fechas más sagradas del año. Le conducen hasta un viejo ermitaño que vive en lo más hondo del bosque y que, como la bruja, reprende al caballero por no haber hecho la pregunta al Grial.

Cuando Perceval se desprende de la armadura y se quita la ropa tejida por su madre que llevó durante tantos años, el viejo ermitaño le lleva al castillo del Grial. Ahora, al final de sus años de aventuras, se le ha concedido por fin otra oportunidad para probarse a sí mismo en la más importante de sus misiones.

Perceval encuentra el castillo, da un paso adelante y hace la pregunta mágica: «¿A quién sirve el Grial?». Finalmente, todos se regocijan. El Santo Grial va pasando de unos a otros y el Rey Pescador puede beber de él y sanar por fin.

Lo que aprendemos de Perceval

Esta leyenda nos explica lo que se requiere para cambiar nuestra vida y pasar de vivir en manos de la suerte a manifestar nuestro destino. Al principio de la narración Dolor de Corazón, con lágrimas en los ojos, despide a su hijo vestido con las prendas que ella misma ha tejido, advirtiéndole que no haga preguntas y que respete a las doncellas. Luego muere, cumpliendo así la peor pesadilla de cualquier «buen chico» responsable: si deja a su madre y se independiza, ella morirá sin él.

La ropa tejida representa la maldición de los ancestros de Perceval, la herida original de la madre, que le impide madurar. Mientras lleve esa ropa, la relación entre él y su madre quedará congelada en un estado inmaduro y dependiente. Y como ella se lo ha pedido, se abstiene de hacerle una pregunta al Grial. Así, pierde una oportunidad crucial que se le ha presentado en su juventud: cumplir con su destino. Le hará falta una vida entera para volver a encontrarse con esa oportunidad. Del mismo modo, muchos de nosotros probamos el Grial en los primeros años de nuestras vidas (con oportunidades magníficas que se nos presentan en forma de la persona apropiada para casarnos o la carrera adecuada, por ejemplo) pero no hacemos nada. Y pasan muchos años hasta que encontramos el camino que nos lleva de vuelta a nuestro destino y a nuestra verdadera vocación.

En muchas culturas del mundo, como las de los hopi y los yoruba del África subsahariana, cuando un niño llega a la adolescencia, se le enseña a adoptar la tierra como su madre eterna y a considerar el cielo como ese padre que siempre está ahí. Aprende que su lugar está fuera, en el mundo, que su madre y su padre biológicos ya no pueden proporcionarle lo que necesita. Esto ya no ocurre en las culturas occidentales, donde tratamos de proteger a nuestros hijos del mundo. Los ritos culturales de iniciación, como los bar mitzvás, las confirmaciones y las celebraciones de la mayoría de edad tienen como objeto guiar a nuestros hijos a la madurez y la independencia... pero se les ha privado de significado y se han convertido simplemente en fiestas sin otro sentido que la diversión y la entrega de regalos.

Muchos no hemos salido nunca del cascarón de la infancia, de manera que pasamos la vida entera culpando a nuestras madres por nuestros problemas o regresamos a la casa paterna para que nos saquen las castañas del fuego. Igual que Perceval, nos frenan los lazos parentales restrictivos que nos impiden curar nuestras propias heridas y, lo mismo que él, tenemos que desprendernos de la ropa que nos tejieron para encontrar nuestro sitio en el mundo.

La bruja y el daimon

Mucha gente confabula para que no podamos escapar de nuestro sino. Por ejemplo, cuando Perceval encuentra a Blanca Flor, nombre que en sí simboliza el sumun de la pureza, esta dama se convierte en la inspiración de su vida y le lleva a proteger lo que es puro y a luchar para que el bien venza al mal. Siguiendo el consejo de su madre, Perceval no llega a consumar su amor por Blanca Flor ni se permite seducirla o dejarse seducir por ella. La única noche que pasan juntos carece de intimidad y nunca habrá una segunda noche.

Obviamente, si Blanca Flor fuera una mujer de verdad, esta «relación» sería ridícula, un amor tan idealizado que solo produciría sufrimiento. ¿Puedes imaginarte pasar la vida entera buscando a una mujer que encarna la pureza absoluta? ¿Suspirando por alguien con quien solo has pasado una noche? ¡Ciertamente ninguna mujer de carne y hueso podría compararse nunca a esta visión idealizada!

Por eso es importante entender que Blanca Flor es lo que Carl Jung llamó el ánima o la parte femenina interior —*anima* significa «alma» en latín»—. Cuando recuperas la integridad de tu alma y sigues la orientación que te brinda, puedes liberarte de la maldición de tus ancestros y del sufrimiento y la enfermedad de sus vidas.

Los griegos llamaban a este aspecto del alma el *daimon*, también denominado genio o ángel guardián. Este daimon nos guía por la vida siempre que lo respetemos y le seamos fieles.

Si un hombre es fiel a su guía interior, por ejemplo, el resultado es que crecerá y madurará, pero si intenta evitar esa parte femenina que hay en él, tratará de encontrarla en forma física y de casarse con la imagen idealizada de lo femenino en lugar de con una mujer de verdad. Puede que vaya de mujer en mujer buscando inconscientemente su parte femenina en ellas e insistiendo en que su pareja encaje en la ilusión de cómo debería ser y parecer una mujer. Igualmente, si una mujer se deja seducir por el mito de la belleza material, nunca será capaz de encontrar la belleza de su feminidad interna.

El mito de Perceval nos recuerda que no siempre nos resulta fácil ser fieles a nuestro propio daimon. Por eso es por lo que aparece la bruja en la corte: para exponer al hombre imperfecto que hay bajo la armadura. La bruja o arpía* es el daimon que reaparece exigiendo atención. Esta figura puede verse en muchos mitos, cuentos populares y leyendas como el portador de la verdad, que suele decirle al héroe aquello que este no quiere escuchar, mostrándole las partes de su alma a las que no presta atención. En nuestras propias vidas la bruja viene a nosotros en forma de un desagradable «enfrentamiento con la realidad» o de una experiencia decisiva de vida como la de cortar una relación importante; que te despidan de un trabajo; pasar por una enfermedad, una crisis o un divorcio, o perder algo que ha sido crucial para nuestro ser.

En el mito de Perceval, el propósito de la bruja es mostrarle a nuestro héroe que a pesar de que en apariencia es el caballero perfecto, su interior está enfermo, ha perdido su alma. Se ha dedicado exclusivamente a la búsqueda de su yo

---

* N. del T.: en inglés, *crone*, del griego *chronos*, que significa «tiempo».

externo a expensas de su daimon. Hacia el final de la historia su armadura se ha convertido en una prisión de logros materiales, y está perdido dentro de ella. No tiene amor ni calor humano, ha fracasado en la única búsqueda con significado para él: encontrar el Grial.

Cuando la bruja lo humilla, exponiendo su lado oscuro y despreciando toda su gloria, queda desolado. Ha comprendido que todo aquello a lo que daba valor era una farsa. En ese estado de desolación se ve obligado a replantearse el propósito de su vida, a preguntarse: «¿Cuál es el significado de mi vida?». Este es su punto de inflexión, el momento crucial en el que finalmente se ve forzado a volver a reemprender su misión vital.

Sin embargo, a pesar de esta experiencia, Perceval solo sabe hacer lo que ha hecho siempre. Vuelve a su caballo y a su armadura, pero ahora sus hazañas caballerescas ya no significan nada para él. Sabe que a pesar de su deseo de encontrar algo con más sentido, no logra escapar de su suerte, sigue representando el papel que heredó de su padre y vistiéndose con las prendas tejidas por su madre.

La bruja representa la feminidad sagrada, el alma, que hace su aparición en forma de una vieja sabia. Tras años de abandono, resurge para despertar a Perceval y hacerle ver que está pasando por la vida sin disfrutarla y que no sabe qué hacer para solucionarlo. Así es como los devotos peregrinos le encuentran cuando le preguntan por qué lleva esa vestimenta de guerra en una de las fechas más sagradas del calendario cristiano. Lo llevan a lo más hondo del bosque, otro símbolo de la oscura feminidad, el viejo ermitaño le dirige a la senda que le conducirá al castillo del Grial, donde por fin es capaz de encontrar su voz y preguntar: «¿A quién sirve el Grial?».

Finalmente se le permite a Perceval escapar a su suerte de vivir y morir por la espada, como hicieron su padre y sus hermanos antes que él, y ahora puede llevar una vida espiritual. El castillo del Grial es la metáfora que simboliza el encuentro de su destino, un destino que estuvo siempre ahí para él; solo necesitaba estar preparado para aceptarlo. Cuando finalmente mira en su interior, descubre que el castillo del Grial y el Santo Grial están al alcance de su mano.

⌗ ⌗ ⌗

Una de las lecciones que aprendemos de esta historia es que aunque parezca que no podemos escapar de nuestra suerte, el castillo del Grial (nuestro destino) está siempre esperando a la vuelta de la esquina. Ciertamente, en el transcurso de nuestra existencia, hay veces en que nos preguntamos: «¿Cuál es el propósito de mi vida?». Y aunque la historia de Perceval se ha empleado tradicionalmente para descubrir el propósito de los hombres, las mujeres se enfrentan al mismo dilema: «¿Cuándo acabará esta lucha? —se preguntan—. ¿Cuándo podrá descansar mi espada?».

El mito de Perceval sugiere que tras recorrer gran parte de nuestra senda vital por nuestros propios medios y tropezando una y otra vez, ha de llegar un punto en el que finalmente lo dejemos todo en manos de un poder superior, ya sea Dios, nuestra misión en la vida u otra forma del Grial para poder cumplir satisfactoriamente con nuestro destino. En los siguientes capítulos nos embarcaremos en esta aventura utilizando las facultades del «cerebro de Dios».

LAS CUATRO ÁREAS DEL CEREBRO

La razón por la que las leyendas de la saga artúrica han quedado tan grabadas en nuestra imaginación colectiva es que describen la realidad de nuestro propio periplo vital, el viaje que todos emprendemos para descubrir nuestro destino. También los laika entienden que podemos viajar durante muchos años (o muchas vidas) hacia nuestro destino, o bien podemos realizar ese viaje a través de los territorios sagrados y los paisajes en mucho menos tiempo por medio del procedimiento del peregrinaje.

Para los laika, peregrinar no es un ejercicio de imaginación sino algo muy real. A los occidentales nos cuesta entenderlo porque estamos muy condicionados por preceptos y reglas. Distinguimos entre lo que obedece a un conjunto de reglas predecibles (como las leyes de la física) y lo que es imaginario. Los laika creen que *todo* es imaginario. Todo lo que percibimos es una proyección de nuestro mundo interior, y el mundo exterior refleja a la perfección el estado de nuestra alma. Lo que creemos que es el mundo de nuestra imaginación, los videntes de antaño lo consideran tan real y tangible como nuestro propio mundo físico.

Para acceder al mundo imaginario, necesitamos entrar en estados especiales de conciencia muy distintos de nuestra conciencia normal de cada día. Estos son los estados que tradicionalmente han cultivado los místicos, los monjes, los santos y los yoguis; es la «mente serena» de los laika y los budas. Esta conciencia elevada nos proporciona acceso a nuestro cerebro de Dios.

Aunque nuestro cerebro no crea conciencia (es mucho más probable que la conciencia haya creado el cerebro como una manera de percibirse a sí misma), hay áreas cerebrales que se activan cuando entramos en determinados estados de conciencia. Por ejemplo, cuando estamos enfadados hay un área concreta que se enciende, mientras que otra área solo se activa cuando estamos alegres, enamorados o en plena dicha meditativa. La razón es que el cerebro humano está dividido en cuatro «subcerebros» que se desarrollaron en diferentes fases de nuestra evolución. Cada uno rige un aspecto diferente de la naturaleza humana:

1. El CEREBRO PRIMITIVO O REPTILIANO se encarga de las funciones biológicas del organismo, como controlar la respiración, la temperatura corporal y otros sistemas autónomos. Para este cerebro, el destino significa la preservación y la continuación de la vida, y mide el tiempo como un intervalo entre comidas y sexo. Esta área evolucionó hace millones de años y contiene la médula y el cerebelo.

2. El CEREBRO LÍMBICO, más complejo y emocional, está a cargo de la familia y la cultura. Anatómicamente cubre al cerebro reptiliano como un guante de béisbol. Es lo que mantiene unido el tejido social anteponiendo el bien de la tribu al del individuo.

   La religión y la ley son productos de nuestro cerebro límbico; de hecho, cinco de los Diez Mandamientos (las prohibiciones del asesinato, el robo, el adulterio, la mentira y la envidia) tienen como objeto controlar los impulsos de esta área. Me gusta referirme a ella como a nuestro «cerebro de mono» porque lo que la caracteriza es la programación de los instintos de miedo, alimentación, lucha y sexualidad* que establece en nosotros.

Si durante nuestra niñez sufrimos algún trauma o daño emocional, la programación del cerebro de mono nos hará acumular un exceso de bienes materiales, ver a la gente que no conocemos como enemigos, construir armas de destrucción masiva, comer y beber en exceso, ser promiscuos en las relaciones sexuales y tener miedo a lo desconocido. Este es el cerebro de la superstición y de la mayoría de las religiones primitivas y experimenta el tiempo como una serie de momentos de seguridad, miedo o deseo sexual. El cerebro límbico es el que dirige nuestras vidas cuando la suerte es lo que nos mueve; el destino se somete a un deseo irreprimible de seguridad. A lo largo de milenios, los chamanes han descubierto que las técnicas empleadas en el peregrinaje (que estudiaremos en posteriores capítulos) anulan los cuatro programas primarios del cerebro límbico, de manera que podemos liberarnos del miedo, la ira, la sensación de escasez y la sexualidad descontrolada.

3. El NEOCÓRTEX, o CEREBRO «NUEVO», apareció por primera vez hace unos cien mil años y es el fruto de un salto cuántico evolutivo que hizo que en el transcurso de unas diez generaciones el cerebro humano duplicara su tamaño. El neocórtex está presente en todos los mamíferos superiores y es nuestro «cerebro científico».

---

* N. del T.: lo que en inglés se conoce como las «cuatro efes»: *fear, feeding, fighting and fornicating*.

Como precisamente él ha inventado las máquinas para medir el tiempo, vive al ritmo que le marca el reloj.

El neocórtex es también el cerebro fieramente individualista de los emprendedores y los exploradores. Dio lugar a la revolución industrial y a la carrera espacial, a las constituciones democráticas y a la Declaración Universal de los Derechos Humanos. Para este cerebro, el destino consiste en llegar a ser un individuo que sobresalga de la masa. A muchas sociedades gobernadas por señores de la guerra y jefes tribales nuestro deseo de democracia les resulta profundamente incomprensible ya que siguen dominados por el cerebro límbico, que valora la ley del grupo por encima de la libertad del individuo.

4. Por último tenemos el CÓRTEX PREFRONTAL, o CEREBRO DE DIOS, una estructura que compartimos al cien por cien con las ballenas y los delfines, aunque está presente en todos los mamíferos superiores. Está localizado en la frente, por encima de las cejas —de hecho, a los neandentales se los conocía como «cejas bajas» porque carecían de esta parte del cerebro.

Análisis de diagnóstico por imágenes muestran que el córtex permanece activo durante las experiencias místicas y espirituales. Los monjes budistas que entran en el estado de *samadhi* (o la experiencia de ser uno con la totalidad de la vida) exhiben actividad neural casi exclusivamente en esta área cerebral; también se ha demostrado que la meditación provoca cambios intensos en la actividad eléctrica de esta área. El cerebro de Dios trasciende la individualidad buscando la unidad con todo y regula los impulsos agresivos y temerosos del cerebro de mono. Para el cerebro de Dios, el tiempo es fluido, corre hacia atrás y hacia delante como en sueños.

Despertares

El cerebro de mono te brinda tu primer despertar, que ocurre cuando te das cuenta de tu mortalidad (por lo general a los treinta o cuarenta y tantos años). Los animales son conscientes de la muerte, pero al parecer no saben que van a morir. Lo mismo les sucede a los niños, saben que la muerte puede sucederle a una mascota, a un amigo, a un familiar, pero no entienden que les llegará a ellos o que es permanente. El cerebro de mono vive atemorizado por la muerte.

El segundo gran despertar se produce cuando comprendes que tu naturaleza es intemporal (que existe un yo infinito que no muere), y esto es algo que el cerebro de Dios puede enseñarte. Este cerebro entiende que la consciencia no puede morir, y esto te permite liberarte del miedo. Brillantes científicos, artistas, chamanes y místicos han tenido acceso a la vasta capacidad del cerebro de Dios para concebir sus mejores obras. Tras volver de uno de esos trances, el poeta Samuel Taylor Coleridge escribió de una vez la totalidad de su poema «Kubla Khan».

Mozart tenía fama de ser capaz de escuchar una sinfonía entera dentro de su cabeza, y tenía que trabajar a toda velocidad para transcribir las notas tan rápido como las oía. Este es el mismo cerebro que lleva a Perceval al castillo del Grial y le hace descubrir a quién sirve el Grial.

EL VIAJE DE PERCEVAL Y TU PROPIO VIAJE

El mito de Perceval nos enseña que solo podemos sanar sirviendo a lo sagrado. Este es el trabajo del cerebro de Dios, que va más allá de los deseos personales egoístas. Cuando Perceval le hace una pregunta al Grial y se pone así a su servicio, el Rey Pescador y los caballeros y damas de la corte quedan sanados. Por medio de su propósito de toda una vida, Perceval nos enseña que aunque deseemos escapar cuanto antes a nuestra suerte no siempre sabemos encontrar la senda que nos lleva a nuestro destino.

Como sucede con la búsqueda de Perceval en el viaje hacia tu destino, pasarás por muchas experiencias, y no todas serán agradables ni fáciles. Se te llevará por corredores oscuros para obligarte a mirar a la bruja a los ojos y recuperar las partes enfermas de tu ser; explorarás tu pasado, desde vidas anteriores hasta los primeros años de la niñez de tu vida actual; tu feminidad perdida (tu daimon) sanando las partes fragmentadas de tu alma, y recobrarás los acuerdos que te mantienen ligado a tus ancestros o a tus genes, del mismo modo que Perceval seguía unido a su madre por la ropa que esta le confeccionó. También aprenderás a recobrar la gracia que te permite vivir al máximo, al igual que Perceval aprendió a encontrar su voz para poder hacer la pregunta mágica que le abrió las puertas de su destino.

En posteriores capítulos aprenderás a acceder a esos estados únicos de conciencia del cerebro de Dios. El método que vas a aprender (el peregrinaje) ha sido practicado durante miles de años por los laika.

Estos sanadores expertos siguen «el camino sin senda»; también tú peregrinarás por un camino que nadie más puede seguir para escapar de las limitaciones de tu suerte. Cambiaremos el lenguaje de los laika por el de los neurólogos conforme aprendes a viajar al Mundo Inferior (el pasado) y a continuación al Mundo Superior (el futuro). Pero ahora vamos a conocer mejor el lugar al que peregrinaremos.

CAPÍTULO TRES

UN MAPA DEL ALMA

El viejo llevaba desde el amanecer preparando una poción para alterar la conciencia. El sol se ocultó sobre la frondosa cubierta de la selva tropical y una hora más tarde tomamos cada uno un vaso lleno del brebaje amargo. Estaba hecho de ayahuasca, la legendaria enredadera de la muerte.

Los laika del Amazonas creen que para viajar a los mundos superior e inferior (lo que los occidentales llamaríamos el «inconsciente» y el «superconsciente») uno tiene que salirse del tiempo. La enredadera de la muerte te ayuda a hacerlo, mostrándote cada parte ti que ha muerto, como hace la bruja. La cruel hechicera te revela todo lo que has escondido en tu interior, cada miedo, cada juicio. Y luego el chamán lo saca de ti y tira de sus raíces, que se enredan en todas tus células... Es lo que llaman «exorcizar la muerte».

Según la tradición de esta parte de la selva tropical, una vez que has exorcizado a la muerte que vive en ti, nunca podrá volver a reclamarte, porque ya lo ha hecho la vida. La muerte acecha a sus presas dentro del tiempo, nos espera al final de cada minuto, cada segundo. Cuando sales del tiempo, te vuelves invisible para la muerte.

La selva late durante la noche. El rumor constante y asfixiante del día deja paso al canto de millones de insectos. En algún lugar un murmullo intenso y resonante acompañaba a este latido y me asomé para ver la silueta del viejo, que se destacaba contra el reflejo brillante de la luna en la laguna. El murmullo de este canto estaba sincronizado con la cadencia de la selva. No podía entender lo que decía la canción, pero había un estribillo que se repetía y los versos cambiaban cuatro veces mientras él giraba y miraba en cada una de las cuatro direcciones.

—Esta noche sacaremos la muerte de ti –me dijo.

DEL DIARIO DE ALBERTO

La psicología ha buscado el alma durante años, primero en el corazón y después en el cerebro. Al no encontrar ninguna prueba de su existencia, finalmente se dio por vencida y dejó la exploración del alma en manos de los artistas y los poetas.

Alma es la mejor palabra que tenemos para designar esa parte esencial de nuestro ser que parece haber precedido a nuestra entrada en este mundo, y que además perdura una vez que acaba nuestra vida física. Para los laika, el octavo chakra es el alma, que conserva los recuerdos de las muchas encarnaciones que hemos tenido antes de esta y asimismo contiene el potencial de lo que podemos llegar a ser.

Los curanderos comparan esta parte de nuestro ser con una semilla que puede brotar y crecer si se cultiva de la manera adecuada. Lo mismo que la bellota, que guarda el recuerdo del imponente roble que vive en su interior y necesita también germinar para poder convertirse en un árbol. Sin el proceso de maduración la bellota no es más que un fruto seco duro con un potencial que no se ha manifestado; de igual modo, si dejamos la semilla a su suerte, puede echarse a perder o no llegar a manifestar todo su potencial.

El viaje del alma consiste en hacer realidad la gran promesa que cada uno lleva dentro de sí. Como me dijo una vez mi mentor: «Estamos aquí no solo para cultivar maíz sino para cultivar dioses». En este libro utilizaré el proceso del peregrinaje para germinar nuestras semillas de manera que puedan echar raíces y brotar, y permitir que florezca nuestra naturaleza divina. Cuando descuidamos una semilla, esta produce una fruto amargo, pero cuando la atendemos, nos proporciona abundancia para nosotros y para los demás. Solo las semillas que cuidemos darán fruto.

Hay una vieja leyenda cherokee en la que un hombre le dice a su nieto:

—Dentro de mí hay dos lobos peleándose entre sí. Uno de ellos está lleno de ira y odio, mientras que el otro es generoso y compasivo.

El niño pregunta:

—¿Cuál de los dos ganará, abuelo?

Y el anciano responde:

—El que yo alimente.

La fuente de toda la vida

Aquello a lo que nos referimos en psicología como lo subconsciente, los laika lo representan como la tierra femenina, húmeda y rica en la que la semilla de nuestro potencial inicia el viaje hacia el despertar de la consciencia.

En la mitología lo femenino suele tener tres caras (virgen, madre y bruja) que son en realidad todos los aspectos de un mismo arquetipo, la Gran Madre. Esta reside, metafóricamente, en el mundo del que brota la vida, en lo más hondo de la tierra; de hecho, es la personificación misma de la tierra, es decir, aquello a lo que los incas se refieren como la Pachamama, la madre de la que vinimos originalmente y a la que algún día regresaremos. Incluso en la mitología occidental, aprendemos que venimos del polvo de la tierra y que «al polvo volveremos».

Las culturas de los indios americanos creen que toda la vida surge del Mundo Inferior oculto. Cuando una parte del alma se fragmenta, regresa al oscuro útero femenino de la Madre Tierra, dejando atrás un hueco que tratamos de llenar con cualquier cosa que alivie el dolor. El Mundo Inferior, como sucede en nuestra metáfora del terreno que nutre la semilla, es un lugar vivo del que brota la vida y al que podemos peregrinar para recuperarnos y rejuvenecer.

Sin embargo, esto no es así para todos los occidentales: la tradición judeocristiana y las mitologías griega y romana ven el Mundo Inferior como un lugar en el que enterramos a los muertos. Asociamos las profundidades de la Tierra con el infierno, el fuego y el azufre, creemos que es un lugar de tormento y sufrimiento. No la vemos como el lugar de donde venimos, lugar que creemos ver al contemplar las imágenes de nuestros antepasados o las fotografías de nuestros familiares biológicos. En Occidente no somos hijos de la Tierra, somos hijos de otros seres humanos.

Los indios americanos, que siempre han sentido un profundo agradecimiento por la Madre Naturaleza, quedaron perplejos cuando los misioneros les dijeron que «el cielo está en las alturas y el infierno, dentro de la tierra». Para ellos era incomprensible que la Madre Tierra, la fuente de toda la vida, pudiera ser un lugar nefasto y horrible en el que los espíritus están condenados a sufrir y pagar eternamente por sus pecados. Consideraban la Tierra como un lugar fértil de renovación, un terreno rico al que podían peregrinar para recuperar partes de la «semilla» original de una persona que se habían fragmentado debido a un trauma o a un hecho doloroso.

El Mundo Inferior es un lugar en el que podemos encontrar a la niña de siete años que huyó porque no podía aguantar el dolor que le infligían quienes abusaban de ella, o la «semilla potencial» que se perdió en una vida anterior cuando alguien fue quemado en una estaca. El Mundo Inferior, el vientre de la Gran Madre, es la esfera en la que los fragmentos de nuestra alma permanecen protegidos hasta que están listos para regresar sanos y salvos al Mundo Medio de nuestra conciencia cotidiana.

La oscuridad representada por el Mundo Inferior es donde escondemos aquello que ya no queremos ver. Por ejemplo, con frecuencia me encuentro con casos de maltrato infantil entre mis pacientes. En psicología vemos cómo esta experiencia puede haber estado reprimida y cómo se encuentra enterrada en nuestro inconsciente; luego, por medio de la psicoterapia, tratamos de desenterrarla y comprenderla. Sin embargo, el mismo Carl Jung observó lo limitada que era nuestra comprensión de la psique cuando dijo:

Las fuerzas más decisivas son nuestra psicología personal y los arquetipos. Son ellos, no nuestros razonamientos personales ni nuestro intelecto práctico, los que sacan a la luz los hechos reales... Las imágenes arquetípicas deciden la suerte del hombre.

Cuando un niño sufre maltrato o traumas, un fragmento de su alma se rompe y vuelve a la esfera arquetípica de la Gran Madre buscando la protección que su madre biológica no pudo darle. Esta parte del alma es en realidad una porción de energía vital de la que ahora no puede disponer para su crecimiento.

Cuando me encuentro con alguien así, reconozco las áreas de su desarrollo que pueden haber quedado detenidas a una edad muy temprana. Por ejemplo, un hombre de cuarenta años tiene una discusión con su esposa y vuelve a comportarse y a sentirse como cuando tenía doce años. Forzosamente, la herida original del alma ocurrió a esa temprana edad, truncando el crecimiento de esa persona. Cuando acude a mi en busca de ayuda, recupero esta parte perdida de su alma y restablezco un aspecto de sí mismo que le permitirá empezar a sanar y a crecer. Para esto es necesario que recuerde un incidente de su pasado, con frecuencia uno que su conciencia ha olvidado. Cuando «ve» este incidente, que puede ser la forma en que murió o sufrió en una vida anterior o un trauma de esta encarnación, se inicia una sanación profunda.

El doctor Brian Weiss, investigador de vidas pasadas y escritor, documentó cientos de casos en los que sus pacientes sanaron sus síntomas físicos y emocionales al observar incidentes de una vida anterior durante una regresión. He aprendido que aunque observar estos incidentes dolorosos es inmensamente transformador, no es más que el inicio del proceso; también debes persuadir a la parte del alma para que regrese, romper o modificar los viejos acuerdos del alma que han dejado de servirte y, por último, rastrear un destino futuro que puedas instalar en el presente.

Aunque he estudiado tanto la psicología como las tradiciones de los laika, he descubierto que en una sola sesión de recuperación del alma se pueden conseguir resultados que requerirían años de psicoterapia. Esto es porque resulta muy difícil recobrar nuestra inocencia y confiar en la vida sin renegociar los acuerdos obsoletos del alma y desechar las creencias limitadoras —lo que sucede durante el peregrinaje de recuperación del alma—. Además, el lenguaje del alma es muy diferente del que se usa en la terapia o en el asesoramiento. Es rico en imágenes, mitos, arquetipos y misterio, lleno de poesía y magia; esta le habla a la intuición y al amor. *Abandono*, *miedo*, *inseguridad* y *trauma infantil* son términos que pertenecen al intelecto. Estoy convencido de que cuando solo tenemos estas palabras para explicar nuestra infancia, es una clara señal de que estamos sufriendo de pérdida del alma, porque las mismas palabras del alma han desaparecido.

※ ※ ※

En The Four Winds Society, formamos a nuestros estudiantes en el arte de realizar recuperaciones del alma para otras personas. Por ejemplo, mi estudiante Claire pudo utilizar el peregrinaje para ayudar a su familia cuando la vida de su madre, Anne, estaba llegando a su fin. Anne había ingresado en el hospital con un coágulo sanguíneo (una complicación de su tratamiento de quimioterapia) que le produjo una insuficiencia renal seguida de un *shock* tóxico. Así lo cuenta Claire:

Mi madre no estaba a gusto con ninguno de sus hijos y se sentía muy alejada emocionalmente de todos ellos, incluso de los nietos. Era irritable y estaba siempre cansada y enferma, no le apetecía recibir visitas. Yo sabía que su estado era crítico y que ella tenía mucho miedo a la muerte. Cuando peregriné, lo hice con la esperanza de encontrar esa parte perdida de su alma que le daría esperanza para vivir y luchar por su salud. En mi peregrinaje encontré a un hermoso ser de luz blanca que llenó mi corazón con su amor y su belleza. Me llevé a este ser conmigo y lo introduje en el chakra del corazón de mi madre (ella seguía durmiendo).

Unos quince minutos más tarde mi madre abrió los ojos sobresaltada y me miró con tanto amor que comencé a llorar y sentí como si el corazón me dejara de latir un momento. ¡Estaba brillando! La energía que irradiaba de todo su ser era sobrecogedora. Mi hermano dejó caer el móvil con el que estaba hablando y dijo que estaba preciosa. Pasaron unos segundos mientras seguíamos mirándola asombrados. Entonces, cerró suavemente los ojos y volvió a dormir. Sentí que había hecho exactamente lo que había que hacer pasara lo que pasase con su salud.

Más tarde, apareció el médico y nos dijo que ya no podían hacer nada más por ella, de manera que habían desconectado la ayuda del riñón. Yo estaba muy tranquila mientras tanto y le di las gracias por todo lo que había hecho para tratar de ayudar a mi madre.

Vinieron a verla todos sus hijos, nietos, sobrinos y hermanos. Se despertaba cada vez que uno de ellos entraba en la habitación, le dirigía una mirada llena de amor, le decía lo mucho que le quería y lo maravilloso que era y volvía a dormirse. Todos salían de la habitación profundamente conmovidos por su expresión de amor. Lo más conmovedor era el testimonio de los niños, que decían: «Me tomó la mano, me dijo que me quería, me dijo lo especial que era para ella».

Mi madre nunca había sido muy expresiva, por eso el hecho de que fuera capaz de dirigirse de esta manera a cada uno de nosotros nos sorprendió a todos. En ningún momento fue consciente de su muerte inminente, pero no sentía miedo, solo amor. Falleció en paz esa noche.

Este peregrinaje del alma trajo una parte perdida del alma de mi madre, una parte que al reintegrarla con el todo le permitió romper con el pasado y expresar finalmente amor.

Todos tenemos partes perdidas del alma que se han fragmentado y se encuentran en el Mundo Inferior, y una vez que las recuperemos se producirán cambios espectaculares en nuestras vidas.

Pescar en las aguas más profundas

Enterrada en el territorio inconsciente del Mundo Inferior está el ánima, ese aspecto confiado, amoroso, inocente y femenino de nuestro ser; esa parte que abandonamos o que arrastra consigo la devastación provocada por los conflictos de la niñez o los traumas de otras vidas y que, para permanecer entera, huyó, dejando atrás únicamente al yo herido.

Con objeto de sanar el alma y encontrar esa parte perdida, debemos ir a pescar en las aguas más profundas de la psique, donde no hemos estado nunca. Esta clase de sanación no puede producirse cuando pescamos desde la playa donde les damos vueltas a nuestras preocupaciones de cada día. No, cuando nos encontramos con el alma en su propio territorio, las herramientas de la psicología se quedan cortas. La psicología es como el pescador que coloca el cebo en su anzuelo, lanza el sedal a la orilla y pesca cualquier cosa que pique en la superficie de la consciencia. Si de verdad queremos obtener nuestra presa, tenemos que aprender a alejarnos de la orilla y a seguir las corrientes que nos llevan al Mundo Inferior para explorar sus misterios. Y lo que encontramos en esas aguas profundas puede perturbarnos e incluso asustarnos.

Quizá creamos que deseamos enfrentarnos a esas partes perdidas de nuestra alma, pero cuando finalmente lo hagamos, nuestros miedos querrán destruirlas; al fin y al cabo pueden ser espantosas y repulsivas. En la psicología se nos enseña a analizar y dividir estos aspectos de nosotros mismos, pero en la recuperación del alma no diseccionamos ni destruimos esas partes perdidas del alma sino que las reconocemos, las sanamos y volvemos a integrarlas en la totalidad de nuestro ser.

Por supuesto, este proceso no es fácil. Con frecuencia, tratar de volver a equilibrar tu vida puede ser catastrófico porque tienes que poner a tu mundo patas arriba. Es posible que sientas la tentación de decirte: «Ahora no puedo arreglar esto, estoy muy ocupado. Ya me ocuparé mañana, la semana siguiente o el año que viene». Bien, ten en cuenta que en la mayoría de los casos para cuando alguien se decide a acudir a mí para acometer una recuperación del alma, ya está sufriendo alguna enfermedad física o malestar emocional porque las partes perdidas de su alma exigen que se las reconozca e integre.

La clave es recobrar las partes perdidas de tu alma *antes* de que te hundan. Puedes hacerlo peregrinando al Mundo Inferior para encontrarte con el alma en su propio territorio. Mientras que la psicología habla de «ira reprimida» o «inocencia perdida», los laika conciben las partes perdidas del alma como seres con los que podemos contactar y hablar y que incluso podemos sanar y rescatar. Por ejemplo, tu naturaleza cruel puede estar personificada por un hombre siniestro con una capa negra, mientras que tu vulnerabilidad está representada por una niña asustada.

Ahora bien, si tu alma se fragmentó durante la infancia, esa niña no crecerá de una manera natural. Una vez que recuperas esa parte de tu alma, tienes que ayudarla a madurar y a crecer sintiéndose segura. Necesitas cuidarla, alimentarla, y crear espacio para ella en tu vida. A veces, cuando ayudo a algún paciente, esta niña separada de su ser se dirige a mí y me dice:

—¿Por qué debería regresar? Esta mujer dice que quiere disfrutar la vida y amar más, ¡pero no tiene tiempo para nada!

Sin embargo, si cuidas a esa parte perdida, puede crecer muy rápidamente y tu vida, sin ninguna duda, cambiará. Por eso es por lo que cuando viene un paciente a pedirme una recuperación del alma, le pregunto:

—¿Estás seguro de que ahora mismo tienes el tiempo para hacerlo y comprometerte? Porque sea lo que sea, el cambio va a ser enorme. La parte perdida te seguirá a casa y volverá a poner tu vida en orden.

De todos modos, no te engañes pensando que la recuperación del alma será como encajar la última pieza de un rompecabezas que te permitirá solucionar todos tus problemas, porque con frecuencia es justo lo contrario. Como me dijo una vez un amigo:

—Sanar me arruinó la vida.

Encontrar la parte perdida de esta alma disturbó su equilibrio frágil y enfermizo... pero también le hizo dar los primeros pasos para crear una vida mejor.

CARTOGRAFÍA DEL MUNDO INFERIOR

Como cualquier viajero que vaya a embarcarse en un viaje largo, primero debes consultar los mapas que te dicen a dónde vas para así localizar tu destino. En tu primer viaje explorarás el mapa del Mundo Inferior en las profundidades de la tierra. Recuerda que aunque podrías pensar que el Mundo Inferior es un territorio imaginario completamente diferente del «mundo real», los laika experimentan lo material y lo imaginario como reales. Para este pueblo los pensamientos, los sueños y las visiones son exactamente igual de reales que el mundo material. Para los chamanes no existe un mundo sobrenatural; todo es natural, con territorios visibles e invisibles que podemos visitar por medio de nuestros sueños y nuestra imaginación. Son lugares tan cartografiables como los de nuestro mundo físico.

Aprender el mapa del Mundo Inferior es parecido a la primera vez que vas a una biblioteca y te enseñan a orientarte por ella explicándote dónde están las publicaciones periódicas, los libros de literatura y los de consulta. Te dicen dónde se encuentra cada volumen, pero es solo al empezar a leer y a consultar los libros cuando llegas a conocer a fondo el lugar. Descubres obras maestras únicas y antiguas, ese sitio tranquilo en el rincón donde puedes sentarte a leer y vastas fuentes de información sobre tierras lejanas. A través del peregrinaje logramos acceder a la «biblioteca viviente» de nuestra existencia que contiene los paisajes, territorios y experiencias de nuestro pasado, presente y posible futuro. Pero al contrario de lo que sucede en una verdadera biblioteca, donde el conocimiento y las experiencias están convenientemente guardados en volúmenes pulcramente alineados en las estanterías, el terreno de nuestras vidas es misterioso, cambiante y hay que experimentarlo para entenderlo.

A medida que vayas peregrinando te volverás como el chamán, cartografiando los prohibidos y a menudo desconocidos espacios, escondrijos, recovecos y entradas de las montañas y los bosques. A lo largo del camino empezarás a trazar la silueta de este paisaje en tu propio mapa, a conocer sus contornos y a descubrir algunos de sus secretos de manera que cuando más tarde regreses a recuperar las partes perdidas de tu alma y sanar tu destino, seas capaz de orientarte. Pero del mismo modo que puedes tener un mapa que te muestre las principales carreteras y calles, también puedes cartografiar esa misma región a través de rutas de senderismo u observando las rutas migratorias de las aves. Es decir, el territorio sigue siendo el mismo, pero el aspecto del mapa es muy diferente, y el mismo paisaje puede describirse de muchas maneras diferentes.

El mapa con el que vamos a trabajar presenta al alma dividida en cuatro salas, de la misma manera que tenemos un corazón con cuatro cavidades. En el estado de conciencia parecido al sueño que experimentarás durante el peregrinaje, visitarás estas cuatro salas del alma y descubrirás el conocimiento, la sabiduría, el dolor y los dones que hay dentro de cada una de ellas (esto se explicará en detalle en la segunda parte del libro).

He consultado los mapas antiguos dibujados por los curanderos para crear el que tú vas a usar y he explorado lo que podrían ser sendas completamente nuevas tal y como se ven con nuestra mirada actual. Pero ten presente siempre que *el mapa no es el territorio*, del mismo modo que una postal de Hawái no te calentará en invierno. Este mapa es solo una herramienta que te permitirá explorar el paisaje de tu pasado.

El viaje al Mundo Inferior

Durante el proceso del peregrinaje viajarás por un ámbito intensamente energético. Para hacerlo con seguridad debes prepararte para el viaje creando un espacio sagrado.

En las sociedades tradicionales al chamán lo protegen sus asistentes, que permanecen rezando mientras él peregrina. De ese modo, mantienen un espacio sagrado para que la forma física del curandero no corra peligro mientras viaja fuera del cuerpo. Crear un espacio sagrado te permitirá también adentrarte de forma segura en el terreno del inconsciente; sin embargo, ten presente que la recuperación del alma es un proceso profundo que puede evocar recuerdos inconscientes que has reprimido durante mucho tiempo (por eso es especialmente importante que no intentes ayudar a nadie a recuperar su alma a menos que hayas recibido una formación profesional adecuada).

En culturas ancestrales, los espacios sagrados suelen asociarse con templos y sitios ceremoniales como Machu Picchu o las pirámides toltecas de Teotihuacán. Muchas culturas indígenas americanas construyen *kivas* en las que realizan sus ceremonias sagradas. Se trata de unas estructuras normalmente circulares que se construyen bajo tierra y a las que se entra descendiendo por una escalera de madera desde el techo. Dentro se encuentra un foso para hacer una hoguera, una abertura para la ventilación y un pequeño agujero horadado en el suelo. A este agujero se le llama *sípapu*, y proporciona una conexión y un pasaje hacia el Mundo Inferior. Acceder a este lugar es un privilegio y requiere el entrenamiento y la iniciación adecuados. Cuando una *kiva* deja de usarse, se cierra el *sípapu* para proteger la entrada al Mundo Inferior.

Aunque todos estos son espacios sagrados, un lugar sagrado puede crearse en cualquier sitio con el poder de la oración. Cuando salgas a hacer tu primera peregrinación aprenderás una oración tradicional para crear tu propio lugar sagrado y encontrarte con el guardián.

El guardián

En el Mundo Inferior del hombre moderno se mezcla la dicha de la humanidad con todo el dolor que la gente reprime y rechaza. Si el chamán no comienza la peregrinación adecuadamente, irá desprotegido y se arriesgará a que el guardián le obligue a regresar o, aún peor, a que le aflijan los espíritus enojados que habitan los territorios de los ancestros. Podría contaminarse de energías tóxicas y llevarlas con él al Mundo Medio. Por eso es importante que respetemos las leyes del Mundo Inferior y de aquellos a quienes encontramos allí, y que cerremos la puerta tras nosotros cuando nos marchemos.

Durante la peregrinación te imaginarás tu cuerpo luminoso descendiendo hacia el Mundo Inferior. Ahí hallarás al guardián de los territorios del alma. Este es un ser imaginario que guarda la entrada del inconsciente, un arquetipo conocido con diversos nombres en diferentes culturas. Lo verás representado por los antiguos griegos como el barquero Caronte, que transporta a las almas de una orilla a otra del río de los muertos (el río Estigia), y como el fiero perro guardián de tres cabezas, Cerbero. Para los budistas tántricos el fiero dios Mahakala guarda la entrada de estos dominios. En las tradiciones incas, este guardián se conoce como Huascar («el que todo lo une»), y se representa simbólicamente como una soga o liana que une el Mundo Inferior con el Mundo Medio.

Cuando peregrines al Mundo Inferior, llamarás al guardián para pedirle que te deje entrar y que te guíe. Él es el Señor de la Vida y la Muerte, el guardián de las estaciones y el que se encarga de la renovación del mundo. Es un arquetipo luminoso que te acompañará y te aconsejará durante tu viaje por las cuatro salas.

Puedes pedir un guía que conozcas, pero trabajar con uno desconocido tal vez sea una ventaja, porque tus encuentros con él no llevarán encima ninguna carga psicológica ni religiosa. Al no tener ningún tipo de expectativas con él, podrás tener una experiencia libre de prejuicios. Sin embargo, no entres en el Mundo Inferior sin su bendición; si lo haces, te arriesgas a quedarte atrapado allí, porque lo mismo que el guardián te permite entrar, también te permite salir. No obstante, a pesar de su importancia, el guardián no tiene poder para cambiar la peregrinación. Solo *tú* tienes ese poder.

En tu primer peregrinaje, aprenderás que puedes visitar un jardín sagrado, un paraíso personal en el vientre de la Madre Tierra. Al hacerlo, restablecerás tu conexión con la Gran Madre y lo femenino. Te imaginarás entrando en la tierra y bajando a este jardín sagrado, bañado en la luz del sol y rodeado de flores fragantes y riachuelos. Puedes visitar este jardín cada vez que quieras para renovarte y sanar. Aquí encontrarás al guardián que te guiará en la búsqueda de tu Grial.

Sin embargo, primero debes aprender a abrir un espacio sagrado, realizar el ejercicio respiratorio de la pequeña muerte y viajar a tu paraíso. (NOTA: por favor, lee las instrucciones de estos ejercicios varias veces antes de ponerlos en práctica).

EJERCICIO: CREAR UN ESPACIO SAGRADO

En primer lugar, ve a un sitio en el que te sientas confortable y nadie te moleste. Siéntate cómodamente, cierra las cortinas, desconecta el teléfono, enciende una vela y pon música relajante. Al crear un espacio sagrado abrirás la entrada que comunica el Mundo Medio en el que vives a diario con los territorios encantados del Mundo Superior y el Mundo Inferior. Por medio de tus oraciones puedes crear un espacio sagrado en cualquier lugar de la Tierra y desde él empezar tu peregrinaje.

Para comenzar, lo primero que debes hacer es invocar a los cuatro principios organizadores del universo, que te protegerán haciendo que te relaciones apropiadamente con la totalidad de la vida. Los antiguos aprendieron que toda la poesía de la creación está compuesta por las cuatro letras de las cuatro direcciones. En biología las conocemos como ACTG,* las cuatro bases proteicas que forman el ADN, el código de la vida (los físicos conocen estos cuatro principios como gravedad, fuerza nuclear débil, fuerza nuclear fuerte y fuerza electromagnética). Pero mientras que la ciencia solo es capaz de describir este alfabeto, el chamán aprende

---

* N. del T.: adenina, citosina, timina y guanina.

a escribir poemas con él. Los chamanes llaman a estas letras principales «serpiente», «jaguar», «colibrí» y «águila».

Cuando conectamos con estas fuerzas desde este lugar bendito del espacio sagrado, estamos protegidos, y los principios organizadores del universo nos responden. Este es nuestro acuerdo con el Espíritu. Cuando llamamos, el Espíritu responde.

Para abrir un espacio sagrado, fija la mirada suavemente delante de ti (o cierra los ojos) y acerca las manos al corazón en la postura de oración. Extiende las manos hacia arriba, con decisión, de manera que las palmas se unan por encima de la cabeza. Luego lleva las manos hasta el octavo chakra, el del alma, y expande este «sol» radiante para que envuelva la totalidad de tu cuerpo, extendiendo los brazos en abanico hacia los costados. Gira los brazos colocándolos al frente, reposa las manos sobre tu regazo y siente el espacio «lleno de alma» que has establecido.

Invoca a las cuatro direcciones cardinales del Sur, Oeste, Norte y Este, así como al cielo y la tierra, y pídeles que te ayuden y te protejan. Cada punto de esta brújula imaginaria está gobernado por un animal arquetípico. En el Sur, invocamos a la serpiente, que representa el conocimiento, la sexualidad y el poder sanador de la naturaleza. En el Oeste, la tierra del sol poniente, al jaguar, el símbolo de la transformación y la renovación, de la vida y la muerte. En el Norte, al colibrí, que simboliza la fuerza y el valor para viajar grandes distancias y embarcarse en un viaje épico de evolución y crecimiento. En el Este, al águila, que simboliza la capacidad para trascender este mundo. Por encima de nosotros llamamos al cielo y al sol, que da vida, y por debajo llamamos a la tierra, lo femenino creativo. La siguiente es mi oración para crear un espacio sagrado; puedes usarla si lo deseas (cuando empieces a peregrinar con regularidad, querrás crear una para ti):

A los vientos del Sur,

gran serpiente,

Enrosca en mí tus serpentinas de luz.

Enséñame a desprenderme del pasado como tú te desprendes de tu piel,

a caminar con suavidad por la tierra. Enséñame la senda de la belleza.

A los vientos del Oeste,

madre jaguar,

Protege mi espacio de curación.

Enséñame la senda de la paz, a vivir impecablemente.

Enséñame la senda más allá de la muerte.

A los vientos del Norte,

colibrí, abuelas y abuelos, seres primigenios,

venid y calentad vuestras manos junto a nuestra hoguera.

Susurradme en el viento.

Honro a quienes vinieron antes de mí,

y a quienes vendrán después de mí, los hijos de mis hijos.

A los vientos del Este, gran águila,

ven a mí desde el lugar en el que nace el sol.

Protégeme bajo tus alas.

Muéstrame las montañas con las que solo me atrevo a soñar.

Enséñame a volar ala con ala junto al Gran Espíritu.

Madre Tierra, rezo por la sanación de todos tus hijos,

La gente piedra, la gente planta.

Los de cuatro piernas, los de dos piernas, los que reptan,

Los que tienen aletas, los que tienen pelo y los que tienen alas,

Toda mi familia.

Padre Sol, Abuela Luna, a los Pueblos de las Estrellas,

Gran Espíritu, tú que eres conocido con mil nombres,

y tú que eres el Innombrable,

gracias por permitirme cantar la Canción de la Vida un día más.

EJERCICIO: RESPIRACIÓN DE LA PEQUEÑA MUERTE

Los ejercicios de respiración son fundamentales en muchas tradiciones espirituales porque despiertan el cerebro de Dios y nos ayudan a entrar en estados elevados de conciencia. Patanjali, el autor de los Yoga Sutras, escribió que a través de la práctica respiratoria pranayama «se destruye el velo que oculta nuestra luz interior». Aquí usaremos un ejercicio de respiración llamado «pequeña muerte». Al igual que cuando mueres de verdad, con este ejercicio vas a dejar de identificarte con el ego y a experimentar un estado oceánico de comunicación con el Espíritu. El ejercicio de la pequeña muerte produce un estado elevado de conciencia que es necesario para el peregrinaje (por favor, recuerda que hay que practicarlo dentro del espacio sagrado que has creado).

Siéntate cómodamente. Reposa las manos en el regazo y cierra los ojos con suavidad o centra ligeramente la mirada en un punto del suelo frente a ti. Inspira mientras cuentas hasta siete. Al final de la inspiración, contén la respiración mientras cuentas otra vez hasta siete. Espira de manera continua contando hasta siete, hasta que sientas los pulmones vacíos. Contén la respiración mientras cuentas hasta siete de nuevo. Repite este proceso siete veces.

Aunque este ejercicio parece bastante sencillo, la «pequeña muerte» puede resultar desorientadora, y probablemente te sientas un poco mareado. Este ligero mareo es tu entrada en un estado alterado de percepción, así que procura seguir contando hasta el final. He descubierto que este ejercicio es tan poderoso como los estados de conciencia experimentados durante la meditación profunda: despierta el cerebro de Dios y libera su capacidad para viajar fuera del tiempo.

Una vez que hayas terminado este ejercicio, comienza el viaje para explorar el mapa del Mundo Inferior.

Ejercicio: el viaje al Paraíso

Nuestro viaje nos lleva de vuelta al mítico Paraíso, al seno de la Madre de la que nos separamos cuando adoptamos la creencia de que se nos había expulsado del jardín. Es un viaje importante porque aunque no te hayas criado en un hogar religioso en el que te hayan enseñado el mito de Adán y Eva, del mismo modo te ha afectado esa mentalidad que acepta la idea de que salimos del paraíso para no volver nunca más a él, a menos que encontremos una llave secreta a su entrada, como la de poseer belleza, carisma o riqueza. Este será un dulce viaje a casa, para volver con la Madre que nunca nos dejó y nunca lo hará.

El mapa para este viaje es diferente en cada cultura; sin embargo, se les enseña a los pueblos indígenas a muy temprana edad. Algunas culturas, como la yoruba, sigue las raíces de un gran árbol hasta las profundidades de la tierra, en el Útero Materno; los pueblos del Ártico imaginan que están buceando en el fondo del mar, y los chamanes de las selvas tropicales se adentran en las profundidades del río Amazonas. Este es tu viaje para reconectar con el espíritu de la tierra y la feminidad sagrada.

Comienza imaginándote que tu cuerpo luminoso se va adentrando en la tierra. Siente la tierra rica y húmeda, las raíces de los grandes árboles y las piedras incrustadas en el terreno. Sigue hacia abajo, pasando el lecho de rocas, cada vez a mayor profundidad, hasta que te encuentres con un río subterráneo. Tiéndete en él, siente las piedras clavándose en tu espalda e imagina el agua fría y refrescante pasando a través de ti, llevándose tu cansancio, tus preocupaciones u otras energías de las que quieras desprenderte y no llevar contigo a los dominios del alma.

Cuando estés listo, deja que las aguas te arrastren corriente abajo hasta el vientre de la tierra, hasta que te depositen en las orillas de un jardín verde y exuberante. Fíjate en un prado, una fuente y un bosque. Encuentra alguna roca en este prado en la que te puedas sentar y escuchar a los pájaros que cantan. Recuerda que puedes venir aquí en cualquier momento en que necesites sanar y renovarte. Este es el vientre vivificador de nuestra Gran Madre; es tu Paraíso particular.

Invoca al guardián: «Tú, que eres conocido por mil nombres, Señor de la Vida y la Muerte. —Míralo a los ojos y continúa—: Guardián de las estaciones, déjame entrar en tus dominios. Muéstrame el paisaje de mi propio Paraíso».

El guardián se aparece a cada uno de nosotros de una forma distinta: puede ser un ancestro querido, una figura religiosa o un ser angélico.

Deja que te guíe a través de la vegetación de los árboles y el bosque, y entre los exuberantes jardines y prados para lograr encontrar a todos los animales que viven allí. Disfruta todo lo posible de ese lugar, allí donde puedes hablarles a los ríos, los árboles y los cañones y la naturaleza aún te responde.

Cuando hayas explorado tu Paraíso particular y descubierto sus arroyos, corrientes, bosques y cañones, regresa a la costa por la que entraste y bucea en las aguas, permitiendo que te devuelvan al lugar en el que antes descansaste. Vuelve a relajarte allí, dejando que las aguas te refresquen mientras te preparas para volver a tu mundo.

Comienza ahora tu viaje de vuelta a través del lecho de piedras, pasando las raíces de los grandes árboles y las rocas gigantes y atravesando la tierra rica y húmeda. Vuelve a la habitación y a tu cuerpo. Respira profundamente y abre los ojos, sintiéndote totalmente fresco y renovado, experimentando ese sentimiento de pertenecer a este lugar y esa ligereza al caminar sobre la tierra que surgen de descubrir que nunca has salido del Paraíso.

EJERCICIO: CIERRE DEL ESPACIO SAGRADO

Termina tu viaje cerrando el espacio sagrado, sellando la entrada al Mundo Superior y el Mundo Inferior.

Coloca las manos en posición de oración junto al corazón y luego ábrelas hacia los costados y extiéndelas lentamente en forma de abanico hacia arriba por encima de la cabeza hasta que las palmas se toquen. Sin separar las palmas, bájalas hasta la línea central del cuerpo, al corazón, a la postura de oración. Repite la oración en las cuatro direcciones y al paraíso y la tierra que usaste antes, solo que esta vez da las gracias a cada animal, déjalo libre y luego cierra el espacio sagrado.

Ahora estamos listos para iniciar el proceso de recuperación del alma. La segunda parte de este libro te ayudará a familiarizarte con el Mundo Inferior, así que empecemos.

SEGUNDA PARTE

EL MUNDO INFERIOR

CAPÍTULO CUATRO

LA SALA DE LAS HERIDAS

Tras años de terapia, creía haber explorado todas las heridas de mi infancia. En realidad, lo único que había hecho era echarles sal encima para poder sentir algo. Anoche sobreviví a la ceremonia de la ayahuasca, pero solo por los pelos. Si no vuelvo a sobrevivir, será demasiado pronto porque el viejo no hacía más que decirme que lo gracioso de la muerte es que todos la sobrevivimos. Sentía como si mi cerebro estuviera metido en una grieta del suelo de madera la mayor parte de la noche, mientras observaba cómo se pudría mi cuerpo y la piel se caía a tiras hasta que no era más que huesos (huesos blancos relucientes), con el cerebro entre los listones del suelo. En ese momento solo podía ver mi esqueleto y las imágenes de alguien en quien me reconocía a mí mismo en Grecia, en Pompeya y en la guerra civil de Estados Unidos. Todos eran diferentes, pero al mismo tiempo todos eran yo, y todos habían sido asesinados con lanzas, flechas, disparos, bayonetas o de otras mil maneras diferentes.

—Estas son las historias que viven dentro de ti —me dijo el viejo esta mañana—. Solo conociendo todas las formas en las que has vivido y muerto podrás exorcizar la muerte que vive en tu interior.

DEL DIARIO DE ALBERTO

Aunque tradicionalmente consideramos el relato bíblico de Adán y Eva como una historia sobre el «pecado original», sería más acertado decir que describe nuestra «herida original». El Génesis nos cuenta que Dios les regaló al primer hombre y la primera mujer un paraíso en el Jardín del Edén. Podían hacer todo lo que gustasen con una excepción: se les prohibía comer el fruto de un árbol determinado. Un día la serpiente tentó a Eva para que lo probara y ella, a su vez, convenció a Adán para que hiciera lo mismo.

Tan pronto como sucumbieron a la tentación de la fruta prohibida, estos dos primeros seres humanos fueron arrojados del Edén, como castigo por violar el mandamiento de Dios. Se les arrebató su mundo perfecto y se los condenó a vidas de sufrimiento. Eva sufrió dolor al dar a luz, que es una de las experiencias más mágicas que puede experimentar una mujer en su vida, mientras que Adán se vio forzado a trabajar arduamente en tierras estériles. Si el Jardín del Edén estaba repleto de plantas y animales con los que alimentarse, donde ahora vivían solo crecían cardos y espinas. Cuando Adán y Eva perdieron su Edén, su mundo se convirtió en un lugar inhóspito y hostil... Como sabemos, «perdieron la gracia».

Al culpar a Eva (que, como había sido creada de la costilla de Adán, se la consideraba inferior), esta influyente parábola judeocristiana nos enseña que fue un error de la mujer lo que dio lugar a que nos expulsaran del Paraíso. Se culpa a Eva de causar la herida por la que todos sufrimos, la herida «madre» original.

Esta pérdida de lo femenino sagrado representado por el Edén y Eva en nuestra cultura, tanto si se refleja en el trato irrespetuoso hacia la mujer como si lo hace en la manera en que denigramos a la Madre Tierra, significa la pérdida de nuestra alma *colectiva* como seres humanos. Y cuando demonizamos lo femenino, vivimos en un mundo en el que falta lo sagrado. Terminamos creyendo que lo material, no lo espiritual, es lo importante. De hecho, la palabra *materia* viene del latín *mater*, que significa «madre», de manera que al deformar la feminidad sagrada, hemos llegado a creer que lo material es *maternal*, y cuidará de nosotros. Sin embargo, materia no es lo mismo que espíritu; comprarte vestidos de alta costura de Chanel no hará que tu espíritu se eleve. Por consiguiente, nuestro divorcio de lo femenino es esa herida primitiva y profunda que todos tenemos.

Heridas originales y ancestrales

Los psicólogos interpretan esta herida original como la pérdida de la inocencia que todos los niños experimentan en la adolescencia, una iniciación normal y necesaria a la edad adulta. Mamá ya no puede curar las heridas con un beso y el niño debe «abandonar el jardín» y hacer la transición hacia un ser adulto independiente, lo que uno puede experimentar como una pérdida de la gracia parecida a la que sufrieron Adán y Eva. Lamentablemente, muchos niños sufren heridas en un momento en el que carecen de madurez para entenderlas. En lugar de una llamada a la edad adulta, esas heridas causan una pérdida de alma. Lo único que el niño ve es que hay dolor y sufrimiento en el mundo y que ya no está seguro.

Por ejemplo, cuando una niña de siete años ve que se llevan a su madre en una camilla tras un accidente de automóvil, no comprende que esto es por su bien, sino que cree que unas malas personas se la llevan para siempre. Este trauma le hará quedarse atrapada en patrones emocionales de respuesta propios de una niña de siete años, y se bloqueará y hará pucheros como una niña pequeña cada vez que le arrebaten algo que ama. Seguirá buscando que papá (el gobierno, su pareja o Dios) le arregle el mundo.

Nuestra herida original no tiene por qué ser el resultado de un hecho real, del mismo modo que nuestra pérdida del Edén tampoco fue un hecho histórico; se trata más bien de *cómo percibíamos las cosas a través de nuestros ojos de niños*. En el momento en el que sufre una herida, todo lo que el niño entiende es que está asustado y que el mundo se ha convertido en un lugar peligroso. Esta percepción es muy irracional y poderosa. De hecho, es más probable que sea esta forma de ver las cosas lo que nos hace sucumbir a la depresión, permanecer en relaciones abusivas y quedarnos en un trabajo que no nos permite dar rienda suelta al placer de ser creativos. Sentimos que nos han expulsado del Paraíso, de manera que nos pasamos la vida tratando de aliviar el dolor que empezamos a sentir cuando perdimos la gracia.

También podemos sufrir heridas ancestrales que han pasado de generación en generación, quizá originadas durante el Holocausto, la Gran Depresión o una revolución. Sea cual sea la causa, heredamos un conjunto de creencias de nuestros ancestros heridos que adoptamos como propias. Las actitudes negativas sobre la abundancia, la escasez, el éxito, el fracaso, la seguridad, la sexualidad y la intimidad pueden proceder de estas heridas ancestrales. Cuando se transmite esta pérdida de alma generacional, los niños se ven asediados por problemas que ni siquiera experimentaron en sus propias vidas; no obstante, como consecuencia de esto, terminan sufriendo desesperación y remordimientos.

Del mismo modo podemos llevar en nosotros una herida personal de una vida anterior. Quizá morimos atrapados en el hielo, nos expulsaron de nuestra aldea o perdimos a alguien a quien queríamos mucho, dinámicas psicoespirituales no resueltas que recreamos en esta vida y que nos predisponen a experiencias «fatídicas» singulares igual que lo hacen nuestros traumas infantiles.

Las heridas de Perceval y el Rey Pescador

Podemos ver un ejemplo de heridas ancestrales y de cómo pueden sabotear nuestro propio destino repasando la leyenda de Perceval. Recordarás que su madre, Dolor de Corazón, perdió a su marido y a sus dos hijos mayores en la guerra, así que, por miedo a perder al único hijo que le queda, le plantea unas exigencias.

No quiere que llegue nunca a convertirse en caballero y que sufra la misma suerte que su padre y sus hermanos, pero ¿qué es lo que hace Perceval? ¡Se convierte en caballero a pesar de todo! Incapaz de impedirlo, su madre le pide que lleve puesta esa prenda protectora que ha confeccionado para él, que no haga preguntas y que respete a las doncellas, lo que no parece un compromiso demasiado difícil de cumplir para el joven. Este, a cambio de su libertad, le promete a su madre que será bueno, pero cada una de estas exigencias le impedirá encontrar el Grial o experimentar el amor.

El mismo Rey Pescador puede verse como una representación externa de la herida interna de Perceval: vive en un castillo de ensueño y es el guardián del Santo Grial; sin embargo, no puede beber de él debido a una herida en la ingle. Su misma sexualidad está herida, y esto le impide disfrutar de los placeres del amor. Solo podrá sanar cuando Perceval formule la pregunta crucial de a quién sirve el Grial; hasta entonces, el Rey Pescador estará viviendo en el mayor de los lujos pero seguirá teniendo vetada la entrada a su jardín.

Todos conocemos a personas que se han pasado la vida entera trabajando para obtener la comodidad material (una gran casa, un puesto de ejecutivo o alguna otra manifestación externa de riqueza) solo para descubrir, cuando finalmente consiguen lo que deseaban, que no hay absolutamente nada de valor en ello. A partir de ahí, entran en crisis, se divorcian o buscan una nueva pareja que creen que les hará felices; puede que también dejen su trabajo de la noche a la mañana, que sigan adquiriendo símbolos de estatus más caros y extraordinarios o incluso que caigan en el abuso de determinadas sustancias. Al vivir como vivimos en una cultura tan materialista en la que se valora a la gente por sus señales externas de éxito, muchos de nosotros somos como el Rey Pescador herido, incapaces de disfrutar y con la prohibición de beber de la copa de la vida.

El mito de Perceval nos muestra que lo único que tiene un verdadero valor (la llave de lo sagrado y de la dicha de nuestro santuario interno) es hacer de nuestras vidas una aventura espiritual o una búsqueda interior.

Los recuerdos del Edén

Del mismo modo en que todos tenemos una herida por la que sufrimos, todos tenemos también un recuerdo del Jardín del Edén al que anhelamos regresar —quizá sea nuestra madre arropándonos en la cama por la noche, la casa de nuestra niñez, nuestro primer amor, un tiempo en que nuestras vidas parecían libres de preocupaciones...—. Incluso se podría decir que pasamos la primera parte de nuestras vidas tratando de perder la inocencia y el resto de ellas intentando recuperarla. Esta no siempre es una tarea fácil; al fin y al cabo, Perceval necesitó una vida entera para volver a entrar en el castillo del Grial.

Muchos de mis pacientes dedicaron muchos años a buscar el Grial, pero lo único que hacían era andar sin rumbo por el bosque de la niñez, el trabajo, el matrimonio, el fracaso y el éxito. Pasaron años en psicoterapia analizando su última herida, en lugar de sanar la *primera* que recibieron. A menudo quieren hablarme de un incidente reciente que les hizo daño, y yo suelo explicarles que esa es probablemente la versión número veintisiete de una herida original que generó las creencias y los patrones de conducta que les causan problemas ahora. *Esta* es la herida que tenemos que sanar, no la versión vigesimoséptima de la original.

De hecho, puede que en toda nuestra vida haya solo unos pocos temas importantes que sanar que surgen en su totalidad de nuestras heridas originales. El resto de nuestros dolores y molestias psíquicos y físicos (no importa lo devastadores que sean) son incidentes que expresan estos temas en diversas formas narrativas. Hay películas de serie B hechas con el mismo guion. Cuando llegamos a entenderlo de forma general, podemos adueñarnos de él, escapar de su argumento y convertirnos en los autores de nuestra propia historia.

Si seguimos reviviendo una y otra vez las heridas que nos han marcado, terminaremos pasándoselas a nuestros hijos. Para los laika esta es una maldición generacional que solo puede romperse sanándonos a nosotros mismos. Cuando lo hacemos, se produce un efecto de onda que se extiende hacia delante y hacia atrás en el tiempo, llevando perdón y alivio a nuestros hijos y a nuestros ancestros.

Solo sufrimos cuando permanecemos atados a nuestro pasado, pero los laika creen que nuestros ancestros también sufren, hasta que dejemos de culparlos y sanemos las heridas que nos transmitieron. Por medio del peregrinaje podemos identificar la herida original y modificar nuestros acuerdos ancestrales, sanándonos y trazando el rumbo hacia un destino satisfactorio. Luego podemos regresar a la experiencia de vivir en nuestro Edén y quitarnos la venda que nos impide darnos cuenta de que en realidad nunca nos marchamos de allí.

❀ ❀ ❀

Al contrario que la creencia judeocristiana de que nacimos en un estado de perfección y luego perdimos esa condición, la mitología chamánica afirma que nuestra naturaleza perfecta permanece siempre intacta. De hecho, otros sistemas de creencias no aceptan esta idea judeocristiana de la expulsión del Paraíso. Por ejemplo, los aborígenes de Australia no fueron expulsados; tampoco los pueblos del África subsahariana, los indios del continente americano, las tribus que viven en la selva tropical de Brasil ni los habitantes de las islas del Pacífico. Todos estos pueblos se ven a sí mismos como si siguieran viviendo en el Paraíso cuando hablan con los ríos, los árboles y Dios. De hecho, las mitologías nativas van tan lejos como para afirmar que los seres humanos fueron creados para servir al jardín y cuidarlo.

Mientras que estas sociedades se esfuerzan en vivir en armonía con la naturaleza (y llevan miles de años consiguiéndolo), los occidentales percibimos la naturaleza como un adversario al que podemos someter al saqueo y al pillaje, o como «recursos naturales» que podemos consumir como nos venga en gana.

Al parecer, estamos convencidos de que todas las plantas y animales fueron creados para servir y alimentar al hombre y que todo lo que hay en el mundo nos pertenece. Hemos justificado el saqueo indiscriminado de la naturaleza durante miles de años: se talaron los grandes bosques de Europa, se han hecho prospecciones para buscar petróleo en el Ártico, e Israel —considerado uno de los lugares más sagrados del planeta por tres de las religiones principales—, ha contaminado tanto sus ríos que se han dado casos de gente que muere al caer al agua. Qué lejos queda esto del bautismo purificador de san Juan...

Cuando una mitología deja de tener sentido, como le sucede a la que tenemos en Occidente, debe emerger otra. Hoy en día estamos buscando nuevos modelos de sostenibilidad y vida ecológica.

Creo que estos nuevos modelos empezarán a surgir cuando peregrinemos para descubrir nuestra herida original y recuperar lo que hemos perdido.

Cómo puedes descubrir tu herida original

Para corregir tu pasado, primero debes entrar en la Sala de las Heridas y descubrir la historia de tu herida original: cómo sucedió, quiénes la causaron, cuándo ocurrió y cómo sigue viviendo esa historia dentro de ti. Esta sala contiene información sobre la raíz de tus patrones nocivos emocionales o de salud. El recuerdo de este incidente suele estar reprimido, de manera que volver a sacarlo a la luz puede ser un extraordinario alivio en sí mismo. Sin embargo, el simple hecho de viajar hasta esta sala no te sanará —eso sucederá más tarde—; en ella conocerás las circunstancias de la pérdida original de tu alma, que es solo el primer paso para la sanación.

En la Sala de las Heridas, contemplarás una especie de obra teatral que te mostrará las historias que viven en tu interior y que le dan forma a tu mundo. Estos relatos quizá no sean ciertos en un sentido literal, pero son *emocionalmente* verdaderos. Se trata de subprogramas que el cerebro límbico ejecuta una y otra vez. Recuerda que el inconsciente habla en el lenguaje de los sueños y los cuentos de hadas; en otras palabras, puede que lo que descubras en la Sala de las Heridas no haya ocurrido en realidad, pero es como tú lo recuerdas, y este recuerdo es lo que determina el argumento de tu vida. Los detalles del relato solo tienen importancia en la medida en que revelan los patrones subyacentes creados por la herida original; de hecho, ese relato en sí no tiene valor alguno (como más adelante entenderás, tú no eres tus relatos ni tampoco tu historia). Sin embargo, podrás entablar conversación con los personajes que encuentres para poder conocer los temas que viven en las estructuras profundas de tu psique.

Anteriormente mencioné que el recuerdo de hechos pasados puede ser muy doloroso debido a nuestra percepción de lo que ocurrió en aquel momento. Por ejemplo, una de mis pacientes experimentaban sentimientos de abandono porque cuando tenía un año y medio de edad sus padres la dejaron durante una semana con sus abuelos a pesar de que tenía un cólico. Con su mente de bebé, ella creyó que mamá y papá no regresarían nunca, lo que la hirió profundamente.

Quienes sufren el síndrome de estrés postraumático reviven incidentes dolorosos en forma de recuerdos emocionales a lo largo de toda su vida aunque la experiencia de guerra o el maltrato emocional o físico ocurrieran hace mucho. Esto es así porque el tiempo y los relojes no existen para el cerebro límbico, de manera que una situación difícil en el trabajo, por ejemplo, puede activar toda una secuencia de recuerdos estresantes que se comunican a través de los circuitos sinápticos del cerebro. Por eso es por lo que tenemos que observar el incidente, no revivirlo. Revivir un incidente traumático suele ser más destructivo que el incidente mismo, porque al hacerlo nos obligamos a repetir emociones dolorosas sin un contexto.

A veces, los incidentes que siguen causándonos un trauma emocional pertenecen en realidad a vidas pasadas. Me viene a la mente Sally, una estudiante que al entrar en la Sala de las Heridas descubrió a una joven que estaban quemando en una estaca. La mujer gritaba en una lengua gaélica que ahora nos resulta incomprensible diciendo que era inocente y que amaba a Dios. Mi paciente interpretó esto como una vida anterior en la que fue condenada por sospechas de practicar la brujería. Contemplar esta imagen le dio una inmensa sensación de alivio porque finalmente entendió por qué sentía ese miedo irracional a que su familia y amigos descubrieran su interés en el curanderismo y la espiritualidad. También explicaba por qué tenía fobia al fuego —a su marido le encantaba sentarse junto a la chimenea en invierno, pero ella solo podía permanecer a su lado unos momentos antes de salir de la habitación con el corazón acelerado.

En la recuperación del alma podemos cambiar la manera en que percibimos el incidente original que nos hizo daño, modificando así nuestras respuestas emocionales y psicológicas futuras a ese incidente; de hecho, podemos reorientar los circuitos neuronales para evocar gozo en lugar de dolor. Así, cuando participamos en una recuperación del alma, debemos procurar que los beneficios se reciban a todos los niveles del espíritu, el alma, la mente y el cuerpo. No nos conformamos con alcanzar una comprensión meramente intelectual, queremos la transformación radical de nuestras creencias, nuestra conducta e incluso nuestra neurofisiología (después de su recuperación del alma, Sally fue capaz de hablar abiertamente con su familia sobre su interés en la medicina energética. Incluso empezó a disfrutar de los momentos junto a la chimenea con su marido, aunque todavía sigue recelosa del fuego).

Mi propia herida original

Lo que viene a continuación es un episodio de mi propia vida, que te dará una idea de las dimensiones que alcanza la recuperación del alma:

Nací en Cuba y cuando tenía diez años, se produjo una revolución en mi país. Estalló la guerra y nadie sabía quién era el enemigo ya que todo el mundo hablaba la misma lengua y vestía igual. Un día mi padre me entregó su pistola Colt del ejército de Estados Unidos calibre 45. Me enseñó a usarla, sentado frente a la puerta delantera de nuestra casa, y me dijo:

—Cuando me marche, tú serás el hombre de la casa, y tienes que proteger a tu madre, a tu hermana y a tu abuela. Si alguien intenta entrar, ¡dispara a través de la puerta!

Permanecí sentado junto a esa puerta varias semanas escuchando los disparos que sonaban a unos bloques de distancia hasta que finalmente un día llegaron tres militares a casa. Al principio, llamaron a la puerta y cuando nadie respondió, trataron de echar la puerta abajo. Me pregunté a mí mismo: «¿Disparo a través de la puerta o espero a que entren?». Luego hice lo que cualquier niño de diez años hubiera hecho: solté la pistola y me dirigí a la ventana. Uno de los hombres me miró a los ojos a través del cristal, vio a un niño pequeño asustado y les dijo a los otros:

—Ya está bien, aquí no hay nadie. Vámonos.

Ese día acabó mi infancia. Crecí muy rápidamente durante esas pocas semanas sentado con la muerte junto a la puerta. Me olvidé de ser solo un niño y en lugar de eso me convertí en un hombrecito serio. Y también desde ese momento tuve miedo de los desconocidos, tenía pesadillas recurrentes de gente que rompía la puerta de nuestro hogar y se llevaba a todos mis seres queridos.

Con el peregrinaje, fui capaz de regresar y volver a visitar a ese niño que se enfrentó con la muerte cuando tenía diez años. En la Sala de la Gracia [que visitarás en el capítulo 6], recuperé al pequeño Alberto y le dije que todo iba a salir bien, que yo lo cuidaría y que nunca iba a tener que volver a cargar con la tarea de asegurar la supervivencia de su familia. Cuando recuperé a mi yo de diez años a los treinta y pocos, recobré mi infancia. Volví a ser capaz de ser un niño otra vez, de abandonar mi eterna seriedad y desconfianza con los demás y de dejar de verlo todo como un asunto de vida o muerte. Dejé de vivir en modo de supervivencia y empecé a disfrutar de la vida.

La transformación a través del peregrinaje

En mi peregrinaje desenterré ese episodio de cuando tenía diez años, junto con muchos otros que no acababa de entender. Me reconocí a mí mismo como un joven aterrorizado en una situación de guerra; al parecer había vivido episodios similares muchas veces, vida tras vida. También pude ver que algunos temas que me resultaban familiares seguían repitiéndose: desconfiar de mis maestros, querer hacer daño a quienes me amaban y sentir que cada vez que quería a una persona, tenía que dar mi vida para protegerla. Y por encima de todo, estaba resentido con mi padre por haberme hecho sentir así.

Me había pasado años asistiendo a terapia para explorar la psicodinámica de mi miedo y mi desconfianza, por eso entendía por qué mi vida emocional era un desastre, pero seguía teniendo pesadillas. En las mitologías de los indios norteamericanos hay una parte de nosotros que reside siempre en Dios y una parte de Dios que reside siempre en nosotros. Cuando sufrimos una pérdida de alma, sentimos que nos hemos separado de Dios, es decir, que hemos perdido la gracia divina. Cuando sané mi pérdida de alma, reconocí que metafóricamente había estado sentado con una pistola junto a una puerta durante muchas existencias anteriores. Seguía identificándome con una vieja historia y reviviéndola, y esto me hacía olvidar mi naturaleza verdadera e infinita y mi conexión con lo divino. De manera que es muy importante para nosotros ocuparnos de nuestra pérdida de alma *ahora*, antes de que nuestra herida original pase a nuestros hijos o a la persona en la que nos reencarnaremos en nuestra próxima vida.

Recuperar mi alma me permitió dejar de identificarme con la historia de ese Alberto de diez años sentado junto a la puerta con una pistola en su regazo listo para disparar a cualquier intruso. En mi viaje a la Sala de las Heridas, descubrí por qué ese niño no podía soltar la pistola y aprender a confiar en la vida y en los demás (más tarde, en la Sala de la Gracia, ese niño tuvo que aprender a confiar en mí y yo tuve que aprender a vivir sin miedo).

⁂

Uno de mis estudiantes, Barry, es especialista de cine y televisión. Pese a que perdió un brazo cuando era niño en un accidente, le encanta hacer acrobacias peligrosas en un entorno seguro y bajo control. Así es como describe su peregrinación:

Me sumergí en un embalse al final del río y me encontré con el guardián, un isleño del Pacífico alto, de ojos castaños, que gentilmente me invitó a entrar. Para mi asombro, ¡vi una salchicha de tamaño natural que llevaba gafas de sol! Me pregunté qué significaría este símbolo, pero lo único que se me ocurría era algo relacionado con «tómate las cosas con calma» y «relájate, hombre» y que llevaba mucho tiempo sin relajarme y despreocuparme.

Abrí los ojos y, de repente, lo vi todo tan claro como el agua: cuando yo tenía nueve años, los niños de mi barrio solían reunirse junto a un establecimiento de perritos calientes. Una tarde, estaba dando una vuelta en bici por el aparcamiento cuando de repente, como salido de la nada, apareció a toda velocidad un coche y me atropelló.

El impacto me hizo salir despedido de la bicicleta y aunque no sufrí ninguna herida grave una parte esencial de mi energía me dejó ese día. Pasé de ser un niño tranquilo a ser uno muy tenso y con tics nerviosos. Perdí muchos amigos, y hasta este día he sido más bien un «solitario». Lo que más me importaba era tratar de predecir qué iba a suceder a continuación, tratar de ver a través de las esquinas para evitar el próximo «coche». El resultado es que pienso mucho y tiendo a analizar exageradamente las cosas.

En el transcurso de unos meses, Barry empezó a reconocer los patrones que le impedían que le hirieran emocionalmente, aunque no tuviera miedo del dolor físico de su trabajo como especialista. Empezó a arriesgarse más en sus relaciones personales y a descubrir que las piruetas de verdad no eran las que se realizaban frente a la cámara sino en el terreno del corazón, sin una red de seguridad.

HISTORIAS Y SOMBRAS

Estás a punto de viajar a la Sala de las Heridas. Sabes que esto tiene lugar en un espacio de paz y quietud; cuanta más puedas encontrar en tu propia vida, más claridad le brindarás al viaje.

Cuando logres encontrar tu herida original, liberarás una energía que reside en lo más hondo de tu psique, como yo hice cuando descubrí al pequeño Alberto sentado, a los diez años, junto a la puerta mientras fuera se producía una revolución. Había reprimido ese recuerdo y no me acordaba del incidente. Solo después de que hubiera recuperado mi alma me confirmó mi padre que aquello había sucedido realmente y poco a poco volvieron los recuerdos. Fue entonces cuando logré entender la soledad que sentía.

En mi práctica de la sanación he descubierto que el verdadero entendimiento solo surge tras el descubrimiento de la herida original. En Occidente sufrimos de lo que llamo «evaluación prematura»: cuanto más rápidamente le ponemos una etiqueta a algo, lo nombramos, lo incluimos en una categoría y tratamos de entenderlo, antes obviamos la profunda transformación que se está produciendo.

La herida original que descubres en tu peregrinación aparecerá en forma de historia. Puede que al entrar en la sala veas cómo delante de tus propios ojos se representa una escena tortuosa: gente gritándose, alguien a quien le están quemando la mano, una anciana tejiendo mientras se oyen gritos al fondo, etcétera. Lo bueno de esto es que puedes dirigirte a cualquiera de estas personas y preguntarles: «¿Qué está pasando aquí? ¿Qué sucede? ¿Cuál es la historia?» y te revelarán de qué modo vive dentro de ti tu herida original, aunque quizá no representen con exactitud cómo sucedió realmente.

Los hechos que te encuentres tal vez te resulten desconocidos porque es posible que se trate de partes de tu alma tan alienadas y reprimidas que te resulte demasiado doloroso reconocerlas como propias. Estas son las *partes de tu sombra* que dejas fuera de ti y que a menudo proyectas en otros. Estas proyecciones hacen que ataques a los demás al ver en ellos las características que no te gustan de ti. Por eso, cuando te encuentras con tu sombra en el Mundo Inferior (junto con las heridas que ha sufrido), puede que no la reconozcas como parte de ti mismo.

Por ejemplo, en una de mis primeras peregrinaciones recuerdo haber encontrado una silueta oscura dándole latigazos a un joven. Di por hecho que el joven era la parte perdida de mi alma, pero cuando le pregunté me dijo que, en realidad, yo había venido a sanar al hombre oscuro. Recuerdo que pensé que se trataba de un error, que esta debía de ser la historia de otro porque despreciaba a la gente que maltrata a los demás y me identificaba siempre con las víctimas. Lo que comprendí tras mi peregrinación fue que aquella silueta oscura no maltrataba a los demás, sino a mí. Era mi sombra, una parte de mí que tenía que reconocer y sanar.

Recuerda que todos tenemos estas partes de sombra en nuestro interior, incluso la madre Teresa. Una vez le preguntaron por qué había ido a Calcuta y contestó que lo había hecho porque había descubierto al Hitler que llevaba dentro.

✷ ✷ ✷

Lo mismo que nuestras heridas pueden ser ancestrales, estas sombras o partes repudiadas de nuestra alma pueden expresarse en el terreno colectivo. Por ejemplo, Alemania había estado sufriendo un periodo de estancamiento económico en los años veinte del pasado siglo, pero la comunidad judía del país experimentaba un ascenso y estaba haciendo grandes avances en música, ciencia y filosofía. Primero los nazis proyectaron su estancamiento (su sombra) en los judíos y más tarde trataron de aniquilarlos. La consecuencia fue que los nazis perdieron su humanidad, precisamente lo que sucede cuando perdemos nuestra alma.

También podemos proyectar nuestras partes positivas en otra persona, o nuestra sombra pueden ser esos atributos que deseamos tener: una versión de nosotros mismos más hermosa, inteligente y poderosa (esto es algo que hacemos continuamente en nuestra cultura, en la que les damos tanta importancia a los famosos).

La autora Marianne Williamson ha hablado muy elocuentemente sobre el miedo que sentimos ante nuestra naturaleza más brillante. Cuando dijo: «Es nuestra luz, no nuestra oscuridad, lo que más nos asusta», hablaba de nuestra necesidad de aprender a aceptar esta luz radiante que emana de nuestro interior, de sentir su poderosa energía a la que con frecuencia no estamos acostumbrados. Si no somos capaces de hacerlo, proyectamos este yo idealizado en otro, ya sea un gurú o un maestro, lo que nos impide expresar esa parte de nosotros mismos. Por eso es por lo que un chamán, lo mismo que un psicólogo o un psiquiatra, debe haber experimentado ya su propio viaje de sanación, para poder evitar los peligros de proyectar su sombra o su luz sobre los demás.

En la peregrinación para recuperar el alma aprenderemos a arrojar luz sobre nuestra sombra para ser capaces de aceptar esa parte de nosotros que repudiamos. A la hora de iniciar nuestro viaje te animo a confiar en el proceso y a recordar que estamos alejándonos del reino ordenado de la razón y la lógica para entrar en el territorio de la magia y la intuición.

Ejercicio: viaje a la Sala de las Heridas

Prepárate para este viaje abriendo todos los espacios sagrados: siéntate cómodamente, fija la mirada delante de ti (o cierra los ojos) y coloca las manos en una postura de oración junto al corazón. Crea la intención adecuada para este peregrinar y extiende las manos hacia arriba siguiendo la línea central de tu cuerpo lentamente, llevando las palmas juntas por encima de la cabeza. Luego álzalas hasta el octavo chakra y expande este «sol» radiante para que cubra todo tu cuerpo, llevando los brazos en un movimiento de barrido hacia los costados. Gira los brazos hacia delante y descansa las manos en el regazo.

Invoca las cuatro direcciones cardinales: la serpiente, el jaguar, el colibrí y el águila, así como el paraíso y la tierra. Realiza el ejercicio de la pequeña muerte (inspira y espira siete veces, contando hasta siete cada vez) y viaja a tu jardín del Mundo Inferior.

Envía tu cuerpo luminoso al interior de la tierra y siente las raíces de los grandes árboles. Siente las piedras y la tierra rica y húmeda mientras viajas bajo la superficie. Pasa el lecho de rocas y sigue avanzando hasta encontrar un río o una corriente subterráneos; cuando lo encuentres, descansa allí sintiendo las piedras contra la espalda. Siente cómo te limpia el agua fría y refrescante, purificándote para este viaje. Déjate arrastrar por estas aguas, a lo más profundo de la tierra, hasta que te dejen en la orilla de un jardín sagrado.

Ahora levántate y mira a tu alrededor. Estás entrando en un jardín que se abre delante de ti con un precioso prado verde. Visualízate rodeado de flores y con aves que cantan en un bosque cercano. Dirígete a una roca que hay junto a un manantial y siéntate allí un momento para disfrutar de la belleza exuberante que te rodea. Este es un lugar al que puedes venir en cualquier momento para sanar y renovarte.

Ahora invoca al guardián, Señor de la Vida y la Muerte, portero del Mundo Inferior, el que recibe los espíritus de los ancestros cuando estos fallecen y vuelve a llevarlos a la Madre. Comunícale tu intención de peregrinar a la Sala de las Heridas. Es posible que el guardián te pregunte: «¿Por qué debería dejarte entrar en este lugar donde solo pueden venir quienes han muerto?». Debes exponerle tu intención de descubrir tu herida original; de lo contrario, no se te permitirá entrar. Puede que el guardián te diga: «Hoy no es un buen día para tu peregrinaje». Si es así, obedece sus palabras. El guardián lleva armonía al caos del Mundo Inferior, y sabrá si puedes o no acceder a él sin peligro.

Cuando te deje entrar, debes pedirle que te guíe. A un lado verás una colina con una abertura que conduce a una caverna. Pídele que te guíe a esta caverna y a la Sala de las Heridas. Has venido aquí para ver la herida original que vive en tu interior, la más crucial para tu propia sanación.

Pídele a tu cuerpomente que genere una imagen de lo que puede aguardarte en esta cueva. A continuación entra en la Sala de las Heridas y descubre la obra que se está representando en esa estancia. Sube directamente al escenario rodeado de los demás actores, que puedes o no reconocer. Mira la parte posterior de la sala: ¿hay un fuego?, ¿quién es esa persona en las sombras?, ¿qué libros duermen en las estanterías? Mira a tu alrededor y explora. Si no visualizas bien, intenta guiarte por otro sentido, ya sea el tacto o el olfato, o incluso la intuición de lo que puede estar sucediendo. Esto quizá sea más difícil, pero al mismo tiempo suele ser más eficaz porque no te distrae toda esa actividad visual.

El yo herido podría ser un niño, un bebé, un anciano o incluso alguien de diferente sexo que el tuyo. Estas partes del alma son aspectos de quien eres. Pregúntale a tu ser herido: «¿Quién eres?», «¿Cuándo te apartaste de mí?» y «¿Por qué te fuiste?». Recuerda que el yo herido no es la parte del alma que vas a recuperar. Con lo que te vas a quedar es con tu yo sanado, al que encontrarás en la Sala de la Gracia.

Ahora prepárate para abandonar esta sala, saliendo por el mismo camino que entraste. Despídete del Señor de la Vida y la Muerte. Dile:

«Gracias por permitirme entrar en tus dominios, a donde solo aquellos que han ido más allá de la muerte pueden venir».

Zambúllete en las aguas y deja que te lleven de vuelta a donde descansaste y que te limpien de todas aquellas energías que no pertenecen al Mundo Medio. Luego inicia tu viaje de regreso al lecho de rocas, pasando las raíces de los grandes árboles, las rocas gigantes, a través de la tierra húmeda y rica y de vuelta a la habitación. Estírate bien, frótate las manos y la cara, abre los ojos y regresa a tu cuerpo. Cierra el espacio sagrado.

EJERCICIO: DIÁLOGOS CON TU YO HERIDO

En tu viaje has encontrado algunas historias sobre tu herida original. En el siguiente ejercicio, mantendrás un diálogo por escrito con el personaje central que descubriste. Hazle preguntas para conocer la naturaleza de tu herida y para saber qué necesitas para curarte.

El proceso de peregrinaje despierta voces curativas poderosas del interior de tu psique, voces que quizá no hayas oído durante mucho tiempo. Recuerda que hasta que encuentres la voz, la parte del alma permanecerá dormida, pero una vez que la descubras empezará a orientarte para que recuperes tu bienestar.

Puedes iniciar un diálogo con esta parte perdida de tu alma sobre el papel. Empieza por sentarte en un lugar cómodo con un diario y un bolígrafo y abrir un espacio sagrado. Cuando estés listo, dibuja una línea vertical en el centro de una página en blanco. A un lado escribe las preguntas que deseas hacer; al otro, la voz de la parte de tu alma escribirá las respuestas. Comienza por preguntas sencillas como «¿quién eres?» pero permitiendo el tiempo suficiente para que surja un verdadero diálogo. Intenta seguir con este proceso durante el mayor tiempo posible, pidiéndole a esa parte de tu alma que te revele lo que necesites saber de la historia de tu herida para poder sanar. Pregúntale también qué le hace falta para sanar, qué tienes que hacer para honrarla y protegerla, cómo puede brindarte seguridad, qué puede enseñarte, de qué te debes desprender para que pueda crecer en ti y otras preguntas por el estilo.

Cuando finalice el diálogo, cierra el espacio sagrado.

Este proceso puede durar varios minutos u horas o incluso varias sesiones.

Ahora que has conocido a tu yo herido, ha llegado el momento de volver a viajar, esta vez a la Sala de los Acuerdos. Allí conocerás los compromisos que contrajiste con tu alma en el pasado y aprenderás a renegociarlos.

CAPÍTULO CINCO

LA SALA DE LOS ACUERDOS

Vine a Perú a experimentar con la ayahuasca y conocí la muerte. Mañana regreso a la selva, regreso al jardín.

Hace ochenta mil años adquirimos un cerebro pensante: una máquina de razonar que nos distingue de la naturaleza. En un largo salto cuántico el cerebro prácticamente duplicó su tamaño. Podíamos evaluar, razonar, pensar. Y a la mano de la naturaleza se unió la mano del hombre.

Hay una biblia en el cajón de la mesita de noche de esta habitación de hotel: «Y Dios Nuestro Señor dijo: "He aquí que el hombre al distinguir entre el bien y el mal se ha convertido en uno de nosotros y ahora puede extender su mano y tomar el fruto del árbol de la vida y comer y vivir eternamente". Con eso, Dios Nuestro Señor lo expulsó del Jardín del Edén y lo envió a cultivar la tierra de la cual había sido formado».

Vuelvo al jardín para extender mi mano y comer del árbol de la vida eterna...

DEL DIARIO DE ALBERTO[1]

«Y desde ese día vivieron felices y comieron perdices» es la frase con la que suelen terminar los cuentos para niños. Sin embargo, cuando la historia no sale bien, cuando no encontramos al príncipe, o este vuelve a transformarse en sapo tras unos cuantos besos, «desde ese día» se convierte en una maldición. «Desde ese día, no volvió a sonreír» o «No volvió a confiar en nadie» son ejemplos de los «pactos» que encontramos en la Sala de los Acuerdos.

Los acuerdos del alma son compromisos que contraemos para sobrevivir una crisis, que nos permiten soportar situaciones dolorosas para las que aparentemente no existe solución. Son los productos del cerebro del mono, que está dispuesto a sacrificar cualquier cosa con tal de sentirse seguro. Los acuerdos del alma pueden tomar la forma de promesas que nos hacemos a nosotros mismos («Desde ese día, decidí ganar un montón de dinero para que todo el mundo me respetara») o a nuestros padres («Siempre lo haré todo a la perfección para que papá me quiera»). Independientemente de a quién le hagamos estas promesas, debido a ellas seguimos repitiendo las heridas que descubrimos en la Sala de las Heridas.

Lo más frecuente es que estas promesas se hagan en silencio y se cumplan sin ningún tipo de discusión (e incluso sin que seamos conscientes de ellas) durante muchos muchos años. Y aunque puede que en el momento en que sufrimos la herida nos sirvieran para crear una sensación de seguridad en un mundo que considerábamos peligroso, con el tiempo se convierten en la fuente de la que surgen nuestras creencias limitantes sobre la abundancia, la intimidad, el amor y el éxito. En otras palabras, un solo acuerdo del alma da lugar a docenas de creencias limitadoras.

Aunque a menudo resulta difícil ver los efectos de nuestros propios acuerdos del alma, podemos ver claramente los efectos de esos compromisos en quienes nos rodean: el joven infeliz y ambicioso dominado por su padre, que le empuja a destacar en el deporte, o la joven actriz insegura con una madre controladora que la acompaña siempre y que desea que su hija sea una estrella están haciendo realidad una promesa para agradar a sus padres desoyendo sus propias vocaciones.

POR QUÉ ADOPTAMOS LOS ACUERDOS DEL ALMA

Quizá te preguntes por qué adoptamos esos acuerdos tan perjudiciales. Una vez más, echemos mano a la mitología judeocristiana de la Creación para encontrar las respuestas. Adán y Eva son arrojados del Edén tras comer el fruto prohibido, y a partir de ese momento el acuerdo de sus almas los condena a una vida ardua que mantiene a Eva sumisa a su esposo y obliga a Adán a ganarse el pan «con el sudor de su frente». Este acuerdo lleva a Adán, a Eva y a toda su descendencia (la humanidad) a vivir exiliados del Edén, sin percibir la belleza del mundo ni experimentar la abundancia del jardín en el que vivimos aquí en la Tierra. Así que su suerte quedó sellada por un acuerdo que afecta a todos los que hemos interiorizado esta historia.

Imagina lo diferente que habría sido este acuerdo si Adán y Eva hubieran negociado un trato más justo con Dios. ¿Negociar con Dios? ¡Imposible! En lugar de eso, los primeros seres humanos salieron del Jardín del Edén avergonzados, cubriendo su desnudez porque eso era lo mejor que se les ocurrió hacer entonces.

Esto es lo que sucede con todos los acuerdos del alma: son la mejor solución que encontramos en ese momento porque nos sentimos impotentes, atrapados en una situación vergonzosa en la que aparentemente no hay nada que negociar. En este capítulo, no obstante, vamos a aprender cómo se pueden renegociar todos los acuerdos limitadores del alma, entre ellos los que hicimos con Dios. Ha llegado la hora de ver con detenimiento las obligaciones contraídas en el momento de nuestra herida original. Hemos de saber lo que dijimos, cuáles son las cláusulas que nos obligan y qué precio debemos pagar por la sensación de seguridad que nos ofrecen. Tienes que saber que seguirá habiendo un acuerdo con el alma cuando hayamos terminado, pero será uno con el que podremos vivir creativa y poderosamente, un acuerdo que permitirá que nuestro yo sanado nos encuentre en la siguiente sala.

Las consecuencias de los acuerdos del alma redactados deficientemente

Los acuerdos mal redactados impiden nuestro desarrollo. Recordarás que cuando Perceval deja a su madre, esta le pide que vista la prenda que le ha tejido, que no haga preguntas nunca y que respete a las doncellas. Y por hacerle caso Perceval pierde una oportunidad de vivir en su juventud el esplendor del Grial y no puede consumar una relación amorosa madura con su alma gemela, Blanca Flor. Si hubiera permitido que se desarrollara su amor por Blanca Flor, esa única noche que pasaron juntos no habría sido casta... pero para eso tendría que haber traicionado a su madre.

No podemos calcular el impacto que una promesa del alma tendrá sobre nosotros a la larga porque nos consume la urgencia del presente —Perceval probablemente habría accedido a cualquier cosa con tal de salir de la casa de su madre—. Ni se nos pasa por la cabeza que tendremos que pagar un precio tan alto; de hecho, rara vez somos conscientes de las consecuencias de un acuerdo hasta que la carga de su obligación se vuelve insoportable. Por ejemplo, Perceval solo empieza a hacerse una idea del suyo después de que la bruja lo humilla públicamente. E incluso entonces, no es consciente de lo que le impide llevar una vida satisfactoria. Únicamente sabe que hay algo que falla, pero solo puede seguir haciendo lo que ha hecho siempre, hasta que se les revela el acuerdo secreto.

Cuando Perceval se encuentra al eremita en el bosque, el anciano le pregunta: «¿Por qué llevas armadura y espada en un día sagrado?». En ese momento, Perceval se ve finalmente obligado a enfrentarse a sí mismo, y esto es lo que rompe el hechizo. No es casual que en este preciso momento vuelva a aparecer el castillo del Grial: cuando Perceval entra en él y formula la pregunta que tiene prohibido hacer —«¿A quién sirve el Grial?»—, el Grial se muestra por fin ante él y el caballero queda liberado de su suerte.

Lo mismo que Perceval, muchos nos quedamos atrapados en la «fase de guerrero» y pasamos largos periodos de tiempo de nuestras vidas obligados por las cláusulas de acuerdos del alma que nos exigen logros y éxito en el mundo terrenal hasta que una crisis de salud, la pérdida de un trabajo o una relación fallida nos obligan a preguntarnos: «¿Por qué estoy haciendo esto?». Pero para entonces el papel que se nos ha asignado en nuestro acuerdo es el único que conocemos (por ejemplo, Adán solo sabe que tiene que trabajar la tierra con el sudor de su frente y Perceval solo sabe luchar).

Por eso, aun después de cuestionarnos nuestro papel en el mundo, podemos tardar años en ser lo suficientemente conscientes de nuestros acuerdos del alma para modificarlos. El verdadero cambio no puede ocurrir hasta que repasemos nuestras obligaciones y reemplacemos las viejas creencias limitadoras con otras nuevas que nos permitan vivir de una manera más provechosa.

EL MITO DE PSIQUE

Mientras que el mito de Perceval se suele usar para mostrar la senda arquetípica del viaje de un hombre a través de la vida, el mito clásico griego de Psique y su marido, Eros (también conocido como Cupido), se utiliza con frecuencia para examinar el desarrollo de la conciencia femenina. Como tal, es un ejemplo excelente de los acuerdos arquetípicos del alma que subyugan a muchas mujeres.

Psique es la más joven y encantadora de las tres hijas de un rey. Su belleza y su dulzura se han vuelto legendarias en todo el reino y la gente empieza a rendir homenaje a esta doncella mortal como si fuera una diosa. Esto enfurece a Afrodita, la antigua deidad del amor y la belleza, que empieza a conspirar contra ella y logra que se quede sin pretendientes.

Como nadie se decide a pedir su mano en matrimonio, el padre de Psique consulta un oráculo, que está controlado por la envidiosa Afrodita. El oráculo condena a la joven princesa a casarse con la Muerte. Para cumplir esta profecía, el padre de Psique la encadena a una roca para que la destroce la más horrible criatura que se pueda imaginar.

Psique representa nuestra parte femenina joven e inocente que amenaza a las viejas costumbres, encarnadas por

Afrodita. Psique desea ser libre y amar, pero Afrodita quiere encadenarla a la roca de las eras para que arrastre consigo la carga de todas las generaciones pasadas de mujeres. Este es un mito universal de las heridas de lo femenino perpetradas de generación en generación; por ejemplo, en las tribus africanas donde la mutilación genital aún sigue practicándose, son las mujeres mayores las que preparan a las jóvenes para este horrible sacrificio.

En este mito, Afrodita es el equivalente a la madre de Perceval, que impone a su hijo los acuerdos del alma que le impedirán convertirse en quien está destinado a ser. Afrodita manda a *su* hijo, Eros, a atravesar a nuestra bella heroína con una de sus flechas de amor, para provocar su pasión por la Muerte. Pero Eros está tan impresionado con la belleza de Psique que por descuido se pincha con una de sus propias flechas y se enamora perdidamente de ella. Con la ayuda de su amigo el viento, Eros rapta a la doncella y se la lleva a la cumbre de una montaña remota (¿te suena familiar? Para muchas jóvenes, la presión de sus padres para que se comprometan en matrimonio es una suerte peor que la muerte, de manera que, condenadas a la infelicidad, huyen con el primer hombre que les prometa rescatarlas de la tiranía de la casa de sus progenitores).

La unión de Eros y Psique es pura dicha, pero Eros le hace prometer a su marido que nunca lo mirará ni le hará ninguna pregunta. Esto no difiere del marido que exige que no se cuestione su horario de trabajo, que su partido de fútbol del sábado tenga prioridad sobre las necesidades de la familia o que su esposa encuentre toda su satisfacción dentro de la casa y del matrimonio.

Durante un tiempo, Psique se siente satisfecha con este acuerdo; sus noches están llenas de amor y se pasa los días comiendo frutas exóticas y atendida como una diosa. Pero, por desgracia, esa vida paradisíaca llega a su fin. La energía de la serpiente en el jardín de Psique está representada por sus dos hermanas mayores, que van a visitarla a su lujosa montaña y sienten tanta envidia al ver su felicidad que deciden destruirla. Las hermanas le hacen desconfiar: le dicen que Eros debe de ser un monstruo horrible, con un aspecto demasiado espantoso para mirarlo; de no ser así, ¿por qué iba a exigirle esa promesa? La convencen para que consiga una lámpara y una daga muy afilada para protegerse, y mantenga esos objetos en la alcoba para poder iluminar el rostro de su marido en medio de la noche y cortarle la garganta si es preciso.

Psique hace caso a sus hermanas: esconde una lámpara y una daga y espera una oportunidad. Una noche, después de hacer el amor con Eros, se levanta del lecho, toma la lámpara y la daga y alumbra a su marido, durmiendo. Se asombra al descubrir no a un monstruo sino al dios del amor, la criatura más hermosa del mundo.

Al ver a Eros por primera vez en todo su esplendor, Psique queda tan maravillada que tropieza con una de sus flechas y, al clavársela, se enamora perdidamente de él. En ese momento, derrama una gota de aceite caliente sobre su hombro. El dolor despierta a Eros, que ve a su amor de pie delante de él con una daga en la mano. Asustado, el dios sale huyendo y vuelve con su madre, Afrodita.

Con el corazón destrozado, Psique implora a los dioses que le devuelvan a Eros; sin embargo, incluso ellos tienen miedo de enfrentarse a las viejas tradiciones. Le dicen que la única que puede ayudarle es Afrodita. Psique no quiere pedirle nada a la diosa resentida pero está convencida de que no tiene otra elección.

El camino de Psique a la redención

Hasta este momento, Psique ha sufrido dos veces la pérdida del alma: primero fue traicionada por su padre (y su madre no la protegió) y luego su querido Eros la ha abandonado. La visita de Psique a Afrodita simboliza su viaje a la Sala de las Heridas para enfrentarse a la fuente de sus desgracias. Aquí descubre las tareas que le permitirán descartar las creencias limitadoras que la mantienen como una chica débil llena de sufrimientos para poder convertirse en una mujer poderosa y segura de sí misma.

Afrodita le encarga a Psique cuatro tareas aparentemente imposibles, prometiéndole que si es capaz de cumplirlas volverá a reunirse con Eros. Pese a que las tareas son tan abrumadoras que Psique piensa continuamente en el suicidio, está decidida a modificar el acuerdo de su alma; anhela descubrir su verdadera naturaleza, porque a la luz brillante del conocimiento, ha vislumbrado el verdadero amor.

En su primera tarea, Psique tiene de plazo hasta que caiga la noche para clasificar una ingente cantidad de semillas, bajo pena de muerte si no llega a realizarla (en realidad, la tarea no es tan importante como la condena por no terminarla a tiempo, porque sabemos que la supervivencia de nuestro espíritu depende de la realización de nuestra misión). Un ejército de hormigas llega en su ayuda y separa las semillas, realizando el trabajo que le correspondía a Psique y salvándole así la vida.

Su segunda tarea consiste en cruzar un río y llegar a un prado en el que debe recoger un puñado de lana dorada de los poderosos carneros que pacen allí. Los juncos le dicen que no se enfrente directamente a los fieros carneros sino que espere a que anochezca y recoja la lana caída que ha quedado enredada en los mismos juncos. Cuando Psique tiene éxito en esta segunda tarea aparentemente imposible, Afrodita le asigna otra que le parece más terrorífica: Psique debe llenar una copa de cristal con agua del río Estigia, el río de los muertos. Ella se siente completamente abrumada por esta tarea, y se plantea seriamente quitarse la vida. Sin embargo, hace su aparición un águila, que toma la copa con sus garras y vuela hasta el río, recoge el agua y se la lleva a Psique.

La cuarta tarea es la más difícil de todas: Psique debe descender al Mundo Inferior y pedirle a la diosa Perséfone una jarra de su crema de belleza para llevársela a Afrodita. Psique está aterrorizada ante la perspectiva de entrar en el mundo de la muerte, pero justo cuando ha perdido toda la esperanza de llevar a cabo esa tarea recibe instrucciones de una torre misteriosa. Es una torre que se alza por encima de la tierra y representa al Espíritu, una torre que todo lo ve y todo lo sabe y que le aconseja que prepare cuidadosamente su viaje y siga atentamente sus instrucciones.

La torre le cuenta a Psique que el mundo en el que está a punto de entrar está guardado por el monstruoso Cerbero, un perro feroz de tres cabezas que permanece en las puertas del Mundo Inferior impidiendo la entrada a todos excepto a los muertos. Más allá de esas puertas, el Mundo Inferior está poblado por almas hambrientas que buscan desesperadamente la salvación. La torre le dice a Psique que lleve dos monedas y dos pasteles de cebada y que niegue su ayuda a quienes vengan a pedírsela.

Las demás tareas han servido para preparar a Psique y templar su espíritu para la que se aproxima. Sabe que tiene aliados en la naturaleza que la ayudarán y que cuenta con la protección de la torre. Sin embargo, ahora debe viajar al Mundo Inferior, el mismo lugar al que peregrinamos para encontrar y recuperar nuestro yo perdido, para poder recobrar su belleza interna, representada por la crema de Perséfone.

En su camino hacia el Mundo Inferior, Psique primero se encuentra con un hombre cojo que va montado en un burro endeble cargado con un haz de leños. Cuando algunos leños caen a tierra, Psique se ve tentada a agacharse para ayudarle a recogerlos, pero recuerda que tiene prohibido ayudar a nadie y sigue su camino. Cuando llega al río Estigia, paga al barquero, Caronte, con una de las monedas. Mientras cruzan un hombre que se está ahogando le pide ayuda, pero ella se lo niega. Al llegar a la otra orilla del río, Psique se encuentra en la costa del Hades, donde tres ancianas que tejen hebras de destino en un telar le piden ayuda, pero una vez más se niega y se apresura a dejarlas atrás.

Psique ha aprendido que nada debe apartarla de su objetivo (del mismo modo, es posible que nos encontremos con muchas almas perdidas en nuestro viaje al Mundo Inferior, pero debemos permanecer fieles a nuestro propósito). Pronto se encuentra con Cerbero, el guardián del Hades. Le arroja al perro uno de los pasteles de cebada y aprovecha que las tres cabezas se pelean por conseguirlo para pasar por la puerta.

Psique llega finalmente al salón de Perséfone y, siguiendo las instrucciones de la torre, acepta solo una sencilla comida en el suelo en lugar del banquete que se le ofrece —el sustento que Psique necesita— (del mismo modo, cuando peregrinamos al Mundo Inferior, puede que se nos ofrezca toda una fiesta de imágenes, impresiones, sentimientos e historias, pero debemos aceptar solo lo más sencillo, aquello que nos proporcione el conocimiento esencial).

Perséfone entrega de buena gana a Psique una jarra de crema de belleza, y la joven comienza su viaje de vuelta. Sin embargo, no puede resistir la tentación de mirar dentro de la jarra antes de dejar el Mundo Inferior. Cuando lo hace, un sueño mortal se apodera de ella y cae al suelo desvanecida (los regalos del Mundo Inferior no se pueden abrir, ni descifrar, hasta que lleguemos a nuestro mundo; de lo contrario, como Psique, podemos «caer dormidos» o volvernos inconscientes y perdernos su verdadero significado).

Al ver a su amada mortal en peligro, Eros acude a rescatarla, sacude el sueño de sus ojos y la ayuda a emprender el viaje de regreso. Mientras Psique entrega la jarra a Afrodita, Eros le pide ayuda a su padre, Zeus, y este se la confiere permitiéndole a Psique beber del manantial de la inmortalidad. Se convierte en una diosa, y Eros y Psique se reúnen como iguales.

Lo que aprendemos de Psique

Esta historia nos enseña que haremos lo posible por cumplir las cláusulas de nuestros acuerdos del alma. Cuando Eros rescata a Psique de un matrimonio con la Muerte, ella acepta todo lo que él le exige porque es su salvación. Después de todo, ¿habrá algo más espantoso que el hecho de que tu propio padre te encadene a una roca para que un monstruo te devore? Psique acepta un acuerdo por el que se compromete a amar a Eros sin conocerlo de verdad y que le prohíbe indagar sobre su identidad. Le deja controlar todos los aspectos de su relación con objeto de vivir en el paraíso, pero para hacerlo deberá permanecer inconsciente. ¡Con cuánta frecuencia las mujeres renuncian a su propio poder y sabiduría para no alterar el amor o la familia!

Pero no podemos seguir los acuerdos del alma de manera inconsciente durante un tiempo indefinido; por maravilloso que sea el paraíso, más tarde o más temprano, nuestra consciencia terminará saliendo a la superficie. Lo mismo que Psique no podía resistir el deseo de mirar a Eros, nuestra necesidad de autoconocimiento nos hace chocar con las restricciones de un acuerdo del alma. Sin embargo, como muy pronto aprendió Psique, nos cuesta mucho saltarnos sus términos y nos embarcaremos en una aventura que nos exige realizar tareas aparentemente imposibles con objeto de encontrar lo que de verdad nos llena.

Cuando no modificamos nuestros acuerdos, vivimos inconscientemente. Saltamos de relación en relación, buscando otro «Eros» que nos rescate, solo para empezar otra vez el círculo. Por ejemplo, devastada por la pérdida de su marido, Psique se apresura a llegar a un nuevo acuerdo con Afrodita para «salvar su matrimonio» en lugar de dirigirse directamente a Eros. Acepta realizar esas tareas imposibles porque para ella Afrodita tiene la llave de su salvación. ¿Por qué no se le ocurre invitar a cenar al dios del amor? Una vez más, pone su fe ciega en alguien que para ella tiene la respuesta a todos sus problemas.

La historia de Psique también nos enseña que el coraje y la determinación al final nos llevan al éxito. Es solo después de haber cruzado el río Estigia (que representa la frontera final) y haberse arriesgado a todo tipo de peligros y a la muerte cuando finalmente se vuelve lo suficientemente fuerte para negarse a satisfacer las necesidades de los demás y empieza a revelarse contra las cláusulas del acuerdo de su alma.

Algo tiene que cambiar, y lo primero que cambia es Psique. Cuando lo hace, todo el mundo cambia con ella. Se deshace de su sino mortal y adopta un destino divino.

MODIFICAR Y RENEGOCIAR LOS ACUERDOS DEL ALMA

Muchas religiones son conscientes de la necesidad de volver a negociar los compromisos del alma. El judaísmo tiene el Yom Kippur, un día sagrado de expiación en el que cada persona no solo repara sus pecados del año anterior sino que tiene la posibilidad de liberarse de las obligaciones que haya contraído con Dios y que, tras haberlo intentado de corazón, no pueda cumplir adecuadamente. La absolución cristiana también es una renegociación que se basa en un esfuerzo sincero y que viene a decir, más o menos, lo siguiente: «Confieso que he pecado. ¿Qué puedo hacer para modificar un acuerdo que me somete a la condenación eterna?». La penitencia que se nos ofrece al arrepentirnos nos coloca en otra senda que nos lleva a la absolución.

El problema de las formas religiosas de expiación es que dependen del perdón de un Dios exterior o de uno de sus representantes, pero por medio del peregrinaje podemos volver a negociar los acuerdos de nuestra alma sin intermediarios. Separaremos lo que es importante y significativo en nuestras vidas de lo que no lo es, lo mismo que Psique separaba las semillas. Y, como Psique, encontraremos el vellocino de oro, la preciosa lana dorada con la que tejeremos la tela de una nueva vida, y beberemos el agua sagrada que muy pocos han llegado a probar, antes de llegar finalmente al Mundo Inferior para recuperar nuestra belleza y nuestra fuerza internas.

Ahora bien, aunque ser conscientes de nuestros acuerdos personales es sin duda el primer paso para transformarlos, no necesitamos esperar a que surja una crisis para empezar a realizar cambios; podemos renegociar términos más favorables antes de que se produzca una situación de caos. A menudo el guardián nos ayudará, exactamente lo que le ocurrió a mi estudiante Denny:

Mi Sala de los Acuerdos era como una gran biblioteca jurídica: tenía muchas paredes cubiertas de libros, y de hecho había un encargado que bajó de una de las estanterías un libro que llevaba mi nombre en la portada. Me senté en una mesa y lo leí. Al principio, parecía una lista de todos los atributos que iba a traer a esta vida. Casi al final decía: «El que es mayor, más grande, habla más fuerte y dice ser más inteligente es el que se queda con todo el poder». Esto me resultó muy familiar porque mis hermanos mayores detentaban todo el poder en mi infancia. Luego, el guardián comenzó a animarme de una manera afectuosa pero firme para que avanzara. Por último, me dio un gran sello en el que estaba escrito «nulo» y con una gran energía empecé a estampar esta palabra en el acuerdo.

Cuando cambiamos nuestros acuerdos del alma, muchos otros aspectos de nuestra vida cambian también. Necesitaremos renegociar los términos de muchas de nuestras relaciones, lo que molestará a algunas personas. Se han acostumbrado a nuestro yo herido o adicto al trabajo, y cuando cambiamos, pueden sentir como si los estuviéramos dejando de lado, abandonándolos o decepcionándolos de alguna manera. También para modificar estos acuerdos accesorios tendremos que echar mano de nuestras mejores habilidades de negociación.

Modificar nuestros acuerdos del alma es una experiencia poderosa que cambia la vida en más formas de las que podemos llegar a imaginar; por eso debemos enseñarles a nuestros hijos, parejas, superiores y amigos la persona en la que nos estamos convirtiendo y mostrarles cómo pueden relacionarse con ella y ayudarla a emerger.

ACUERDOS DEL ALMA HEREDADOS

Al igual que heredamos heridas psicológicas de nuestros antepasados, también heredamos muchos de sus acuerdos del alma. Los hijos de los supervivientes del Holocausto, por ejemplo, con frecuencia sufrieron depresiones profundas relacionadas directamente con un acuerdo ancestral que limitaba su confianza y su esperanza en la bondad del mundo. El miedo a los problemas económicos y la conciencia de escasez también pueden transmitirse de generación en generación simplemente con que uno de los miembros de la familia haya pasado por apuros graves, como en el caso de la Gran Depresión. Y la incapacidad de confiar en los hombres puede transferirse a un niño cuando la madre es abandonada por su marido.

En casos así, mientras estos acuerdos sigan en juego, las generaciones actuales tendrán que pasarse la vida pagando una deuda que ni siquiera saben que existe. La misma Biblia habla de acuerdos intergeneracionales cuando dice que para pagar los pecados del padre harán falta siete generaciones.

Me gustaría compartir un ejemplo de un acuerdo ancestral en el seno de mi propia familia. Cuando mi hermano tenía cuarenta y siete años, le diagnosticaron cáncer cerebral, por lo que lo llevé a un famoso curandero, que dijo:

—Estoy trabajando en tu campo de energía luminosa. Dentro de tres días empezará a supurarte un lado de la cabeza. Durante diez días no te hagas pruebas de rayos X ni trates de interrumpir esa supuración.

A los tres días, puntual como un reloj, apareció una minúscula abertura en un lado de la cabeza de mi hermano (que se había quedado calvo por la quimioterapia) y comenzó a salirle un líquido amarillento. Nadie podía decir lo que era aquello.

Mi padre, que siempre había sido un escéptico, se sentía bastante desconcertado. Se asustó mucho e insistió en que el médico le mandara un examen de resonancia magnética para ver qué estaba sucediendo. Les rogué que esperaran el tiempo que había indicado el curandero. Incluso el médico dijo: «

—Espera otra semana, esto no va a perjudicarte. La medicina ya no puede hacer nada por ti.

Al final, aunque ya se habían agotado todas las opciones médicas occidentales, la preocupación de mi padre se impuso. Exigió que se hiciera la resonancia magnética y al llevarla a cabo cesó la supuración. Mi hermano murió dos semanas más tarde.

Es cierto que mi hermano tenía que haber revisado su acuerdo del alma que decía: «Si desobedezco a mi padre, no me amará». Pero por su estado de debilidad no tenía la energía necesaria para hacerlo, aunque había estado toda una vida luchando para liberarse de este compromiso. Terminó protegiendo su acuerdo del alma con su misma vida porque no quería traicionar o decepcionar a nuestro padre; para él era más fácil aceptar la muerte que cambiar de creencias.

A regañadientes tuve que acatar la decisión de mi hermano y ayudarle de la mejor manera que pude, pero siempre creí que no tenía que haber terminado así. Modificar o anular un acuerdo del alma es una fuerza liberadora con la que podemos desarrollar un sistema abierto de creencias que nos permiten nuevas experiencias vitales y nuevos acuerdos, una de cuyas consecuencias podría ser incluso salvar nuestras vidas.

LA PROMESA DE UNA MADRE

Una de mis pacientes, Bonnie, recibió de repente una llamada de una hija de la que durante muchos años no había sabido nada: los médicos le habían encontrado un bulto en el pecho y tenía una cita para hacerse una biopsia. Sorprendentemente, parecía que la joven quería que su madre estuviera con ella.

Bonnie me llamó y me contó que desde que había hablado con su hija no dejaba de llorar.

—No es tristeza; no sé lo que es —me dijo. Como tenía que acompañar a su hija a la biopsia el lunes y tras eso dedicar sus energías a un día agotador de reuniones de trabajo, se sentía tan abrumada por la emoción que temía no ser capaz de desempeñarse bien en ninguna de las dos situaciones.

Me encontré con ella más tarde, el sábado, antes de la biopsia, e hicimos un peregrinaje juntos. En la Sala de las Heridas se vio a sí misma como una madre joven que vivía en una cabaña medieval con dos bebés. Estaban aterrorizados porque unos merodeadores habían echado abajo uno de los pilares de la casa. La madre y sus bebés estaban atrapados bajo las vigas caídas y ella sabía que no lograrían escapar. Era invierno, el sol se estaba poniendo y ella estaba convencida de que se iban a morir de frío. Sentía un dolor terrible, pero seguía tranquilizando a sus pequeños diciéndoles:

—Todo está bien. Mamá está aquí.

En la Sala de los Acuerdos, Bonnie se encontró a sí misma pidiéndole a Dios que se llevara a sus hijos antes de que ella muriera para poder reconfortarlos hasta el final. Este acuerdo del alma («Deja que mis hijos mueran antes que yo») tenía siglos de antigüedad, pero aún seguía vigente. Era un acuerdo con una cláusula terrible que daba lugar a resultados espantosos, pero en momentos tan duros como aquellos lo hacemos lo mejor que podemos.

El acuerdo ancestral de Bonnie afectaba a su reacción ante la biopsia de su hija. Durante nuestra recuperación del alma, logró modificar este acuerdo, cambiando su redacción a: «Deja que mis hijos sepan que su madre estará siempre ahí para reconfortarlos».

Mi paciente dejó de estar alterada emocionalmente tan pronto como entendió los incidentes que causaron su dolor. Comprendió que había alejado a su hija de su lado porque no podía soportar la idea de perderla. En cuestión de días la biopsia mostró que el bulto en el pecho de su hija era benigno, y la relación entre ambas empezó a restablecerse.

En el caso de Bonnie vemos cómo un acuerdo del alma puede arrastrarse de una vida a la siguiente y cobrar vigencia cuando se produce una crisis. En el caso de Linda, veremos cómo se puede modificar un acuerdo de *esta* vida.

EL HUMO SE DESPEJA...

Cuando conocí a Linda, una *coach* de negocios de gran prestigia que destacaba también en el campo de la fotografía, acababan de diagnosticarle cáncer de pecho y se estaba sometiendo a quimioterapia. En la Sala de las Heridas descubrimos a una niña de tres años asustada. Cuando traté de acercarme a ella, salió corriendo y llorando; gritaba que no podía confiar en nadie porque la habían abandonado.

Linda reconoció a esta niña y me explicó que en cierto modo la habían abandonado a su suerte cuando tenía tres años. Después de nacer ella, su madre fue hospitalizada por depresión posparto y se ausentó durante meses; luego, cuando apenas tenía dieciocho meses, su padre murió. Su madre se la llevó a vivir con sus padres y cuando Linda era todavía muy pequeña vio a su abuela a punto de arder cuando trataba de encender el horno. En ese momento la niña decidió que aquel no era un refugio seguro, pero su abuelo era un hombre cariñoso y fuerte. Linda guarda un maravilloso recuerdo de él alzándola para que pudiera mirar a través de las aberturas rectangulares de una valla alta y contemplar un jardín escondido al otro lado que le encantaba. Además, el abuelo le escribió un libro con canciones y poemas que conservaba aún. Murió mientras dormía cuando Linda tenía tres años, y parte de ella desapareció también entonces.

—Mi acuerdo del alma —me explicó Linda— consistía en permanecer en las sombras. Tomé la decisión de crear sola, de jugar sola y de no salir al mundo.

Cuando pasamos a la Sala de los Acuerdos, vio un antiguo acantilado plagado de petroglifos parcialmente cubiertos por un humo negro. El humo la había protegido, impidiéndole leer el mensaje hasta que finalmente estuviera lista para aceptarlo. Le pidió al humo que desapareciera y cuando lo hizo, pudo ver que el significado de los petroglifos era la palabra *sí*. Linda comprendió que ese era su nuevo acuerdo. Le estaban pidiendo que le dijera sí a la vida y a las oportunidades que se le presentaban.

—De repente —continuó— me di cuenta de que aquel era un momento trascendental, porque era consciente de que me pedían que tomara un voto sagrado y si no decía que sí, la oportunidad podría no volver a presentarse nunca más. Si lo hacía, tendría que cumplir la promesa. Tenía la sensación de que se trataba de algo muy importante; me daba miedo, pero al mismo tiempo me sentía afortunada, por eso dije que sí.

Como puedes ver, estos acuerdos nos hacen pagar un precio muy elevado. En el caso de mi hermano, el precio fue su vida. Bonnie vivió muchos años aislada de su hija y sin una relación sentimental importante; sin embargo, al año de su peregrinaje para recuperar el alma, ofició una ceremonia de boda para Linda y su nuevo marido. Su salud y su creatividad se habían resentido hasta que renegoció sus acuerdos y pudo empezar a decirle sí a la vida; ahora su cáncer está remitiendo y ha vuelto a ser una artista llena de talento y una extraordinaria *coach*.

Ejercicio: viaje a la Sala de los Acuerdos

Tal y como hiciste antes, prepárate para este peregrinaje abriendo un espacio sagrado. Siéntate cómodamente, fija la mirada frente a ti (o cierra los ojos) y coloca las manos en la posición de oración. Centra tu intención en entrar en la Sala de los Acuerdos del Alma. Extiende los brazos hasta el octavo chakra y expande este «sol» radiante para que envuelva todo tu cuerpo.

Invoca las cuatro direcciones cardinales para abrir un espacio sagrado. Realiza el ejercicio de la pequeña muerte y viaja a tu jardín del Mundo Inferior.

Cuando saludes al guardián, exponle tu intención de revisar los acuerdos del alma que firmaste. Él te guiará desde tu jardín hasta tu Sala de los Acuerdos . Cuando estés allí, mira a tu alrededor y entabla conversación con los personajes que encuentres. Haz preguntas: «¿Quién es ese que está junto al fuego?», «¿Quién es la que se sienta en la mecedora?», «¿Qué escena está representándose a mi alrededor?» y «¿Quiénes son los personajes?».

Puede que te encuentres contigo mismo a la edad en la que aceptaste ese acuerdo y quien eras entonces te explicará a lo que te comprometiste; o quizá te encuentres con alguien de una vida anterior o un acuerdo ancestral y la persona que lo negoció por primera vez. Pregunta lo siguiente a quienquiera que te encuentres: «¿Qué escribes en esa pizarra?», «¿Qué estás anotando en ese cuaderno?» y «¿Qué te estás repitiendo a ti mismo?». Recuerda que cada acuerdo te proporciona algo (seguridad, amor, alivio) a cambio de algo más (el precio que pagas). ¿Qué precio estás pagando y qué estás obteniendo a cambio? ¿Vale de verdad la pena? Pregúntale a ese personaje: «¿Qué es lo que de verdad quieres?»; «¿Qué es lo que te brindaría paz, comodidad o seguridad?», y «Si pudieras pedirle a Dios cualquier cosa, ¿qué le pedirías?».

Estudia el lenguaje del acuerdo. Si necesitas ayuda, pídele al guardián, un ser que lo conoce todo, que te lo explique. Luego propón una redacción más favorable. Sigue intentándolo hasta que llegues a un nuevo acuerdo que sea positivo y alentador.

Antes de irte, explícale el nuevo acuerdo a cualquier otra persona que esté en la sala. Al hacerlo estarás instalándolo en tu inconsciente para que sea inmediatamente eficaz. Cuéntale a la gente lo que has descubierto: «No tienes que seguir haciendo esto durante más tiempo. Ese guion ya no va a aplicarse aquí nunca más. Está acabado. Ahora puedes estar en paz. Este es nuestro nuevo acuerdo». Asegúrate de que todos los personajes de este drama sepan que esta obra ha llegado a su final. Reafirma este nuevo acuerdo del alma con cada uno de ellos para que lo conozcan bien.

Ahora ya puedes marcharte. Despídete del guardián, el Señor de la Vida y la Muerte. Dile: «Gracias por permitirme entrar en tus dominios, donde solo aquellos que han ido más allá de la muerte pueden pasar».

Del mismo modo que hiciste antes, regresa a tu mundo. Estírate bien, frótate las manos, abre los ojos y vuelve a tu cuerpo. Termina tu viaje cerrando el espacio sagrado.

EJERCICIO: DIARIO PARA RENEGOCIAR TUS ACUERDOS DEL ALMA

La segunda sala revela los acuerdos del alma que aceptaste cuando se produjo tu herida original, y acabas de pedirles a los personajes que encontraste allí que te expliquen los detalles de tu acuerdo. Ahora puedes emplear el proceso de peregrinaje para modificar tu acuerdo y adoptar compromisos más favorables que dejen de limitarte en tu vida cotidiana.

El proceso de peregrinaje despierta las voces de elementos poderosos de sanación en tu psique. Esta es la voz de la parte del alma que quiere establecer un nuevo acuerdo, más estimulante, contigo. Saca tu diario y un bolígrafo y ponte cómodo en un lugar en el que puedas abrir un espacio sagrado.

Cuando lo hayas hecho, dibuja una línea vertical en el centro de una página en blanco. En un lado, escribe las preguntas que vas a formular; en el otro, lo que conteste la parte de tu alma que quiere establecer un nuevo acuerdo con la vida. Empieza con preguntas sencillas como: «¿Quién eres?», «¿Cómo has venido a ayudarme?» y «¿Qué es lo que de verdad quieres?». Transcribe el diálogo en el cuaderno; así establecerás más detalladamente los términos de tu nuevo acuerdo del alma. Dedícale el tiempo suficiente para que se produzca una verdadera conversación.

Lo que viene a continuación es un ejemplo del diálogo de Bonnie cuando renegoció los términos del acuerdo de su alma:

BONNIE: ¿Por qué lloras?

MUJER: El humo, no puedo ver a mis niños...

BONNIE: ¿Dónde están?

MUJER: Bajo los escombros. Puedo oír llorar al pequeño... ¡Dios!, ¿por qué me has hecho esto? ¡Deja que mueran antes que yo para que puedan oír mi voz y saber que estoy con ellos!

BONNIE: ¿De verdad es eso lo que le quieres pedir a Dios? ¿No deseas hacerles saber que su mamá está con ellos y que los ama?

MUJER: No quiero que mueran solos.

BONNIE: Di esto: «Dios, permite que mis niños sepan que estoy siempre con ellos y que los quiero». ¿No es eso lo que quieres decir?

MUJER: ¡Sí, eso es lo que quiero! Deja que mis niños sepan que mamá está siempre a su lado cuando la necesitan.

BONNIE: Quédate tranquila, querida. Puedes volver a casa. Tus niños están bien.

La siguiente es la conversación de Linda al renegociar los términos del acuerdo de su alma a través de la figura de su abuelo:

LINDA: ¿Dónde estás?

ABUELO: Estoy a tu alrededor y dentro de ti.

LINDA: Siento no haberme dado cuenta de tu presencia. La idea que tenía de ti era la de mi verdadero abuelo, que nos dejó hace mucho tiempo. ¿Cómo puedo empezar a reconocerte?

ABUELO: Estoy aquí ahora, y estaba aquí antes de que tu abuelo naciera. Me has visto en el árbol al pie de la carretera. Me has sentido flotar en el viento de la tormenta. Me has oído por la noche en el canto de un búho. Me sentiste en la tierra, en las leyendas y espíritus de las gentes que vivieron aquí antes que tú. Una vez que empieces a mirar, me verás.

LINDA: Eso es muy hermoso, gracias. Ahora necesito tu fuerza, tu protección. Estoy intentando crecer, integrar la llama que hay en mi interior, la sabiduría. Todo es enorme y mi ser más pequeño se siente asustado y sigue siendo vulnerable.

ABUELO: He visto todo esto, y lo considero precioso como una planta frágil emergiendo de una semilla. Sí, tú eres vulnerable, pero la planta está viva, enraizada, protegida y regada por la lluvia del Espíritu.

LINDA: ¿Cómo puedo invocarte para que cobijes y protejas a la pequeña Linda?

ABUELO: Invócame cada día en tus meditaciones, y nos hablaremos. Te tocaré y sentirás mis brazos a tu alrededor. Te levantaré para que puedas mirar por las aberturas de la valla y veas el jardín escondido al otro lado. Un día vivirás allí, pero primero tu trabajo será levantar a otros para que miren a través de la abertura y puedan ver que el jardín existe.

El nuevo acuerdo de Linda establecía el mandato de «ayudar a otros a ver el jardín». Dejaba claro que su sanación estaba estrechamente relacionada con la sanación de otros.

EJERCICIO: DIÁLOGO CON DIOS

También podemos renegociar los acuerdos ancestrales de nuestra alma con Dios; después de todo, ¿por qué íbamos a conformarnos con un pacto hecho en nuestro nombre por un viejo antepasado? Existen numerosos ejemplos de acuerdos renegociados con Dios en el Antiguo Testamento. En la historia de Sodoma y Gomorra, por ejemplo, Dios le dice a Abraham: «Voy a destruir estas dos ciudades porque la gente ha dejado de respetar mis mandatos». Abraham le pregunta a Dios: «Si puedo encontrar cincuenta hombres justos, ¿perdonarás a estas ciudades?». Dios responde afirmativamente. De nuevo Abraham le pregunta: «¿Y si solo puedo hallar a cuarenta y cinco hombres justos?» Dios le responde que sí. Perdonará a ambas ciudades. Abraham le pregunta: «¿Y si solo puedo encontrar a diez hombres justos?». Y Dios una vez más accede a perdonar. Este es el final de las negociaciones de Abraham.

Cuando los ángeles van a Sodoma, solo encuentran a un hombre justo, Lot, y le piden que tome a su familia y huya antes de que la ciudad sea destruida. Nunca sabremos cuál habría sido el desenlace si Abraham le hubiera pedido a Dios que perdonara las ciudades si encontraba un solo hombre justo. Al negociar el acuerdo, Abraham podría haberle pedido también a Dios: «Perdona a mi gente porque *yo* soy un hombre justo».

Prueba a entablar este diálogo con Dios para descubrir cómo este acuerdo ancestral de ser expulsado del jardín y condenado a una vida de vergüenza y sufrimiento vive en ti, y cómo se puede cambiar esto. Primero, abre un espacio sagrado, y a continuación traza una línea vertical en medio de una página de tu diario. En la parte izquierda escribe las preguntas, mientras que en la derecha anotas las respuestas de Dios.

Empieza por preguntarle a Dios: «¿Qué sucedió en aquel entonces?», «¿Qué hizo Eva?», «¿Quién era la serpiente?», «¿Qué hizo Adán?», «¿Qué parte de mí vive avergonzada?», «¿Dónde vive el sufrimiento dentro de mí?» y «Te veo dondequiera que miro y te siento en cada célula de mi cuerpo; ¿caminarás junto a mí?».

Termina cerrando el espacio sagrado.

Convierte tus diálogos con Dios en una práctica diaria.

❀ ❀ ❀

Ahora que has renegociado el acuerdo de tu alma, este nuevo acuerdo le proporcionará a tu ser sanado la seguridad que necesita para encontrarse contigo en la siguiente sala.

❀ ❀ ❀

CAPÍTULO SEIS

LA SALA DE LA GRACIA

Mi padre murió a los cincuenta años, aunque llegó hasta los setenta y seis... Murió la otra muerte, la que nos roba nuestro espíritu y nos deja vacíos de vida. Me prometí a mí mismo vivir de otra manera.

Sé que el poder que puede alcanzarse por medio del viaje de los Cuatro Vientos está hecho de algo más que el conocimiento ganado, las epifanías del espíritu, la responsabilidad sentida y las aptitudes para convertirse en un cuidador de la tierra.

Es también la adquisición de diferentes vidas.

Hay un cuerpo de energía; lo adquirimos en el Sur.

Hay un cuerpo natural, etérico, que adquirimos en el Oeste: el cuerpo del jaguar.

Hay un cuerpo astral, que tiene la edad de las estrellas y se encuentra en el Norte: el cuerpo de los antiguos maestros; es un cuerpo místico, la sabiduría del universo.

Hay, creo, un cuerpo causal en el Este: el pensamiento que antecede a la acción, lo que existe antes del hecho, el principio creativo, el cuerpo del águila.

De manera que aquí estoy, sabiendo que debo continuar mi viaje. Hay nuevas preguntas que responder, experiencias que aún no he vivido...

DEL DIARIO DE ALBERTO[1]

Cuando permanecemos en estado de gracia, estamos totalmente animados por la vida. Es lo que los chinos llaman «*chi* despierto», o lo que nos hace saltar de la cama por las mañanas y nos permite superar los obstáculos que la vida nos presenta. Sin embargo, cuando dejamos de hallarnos en este estado, saludar al nuevo día se convierte en una rutina y la vida cotidiana se vuelve una carga que arrastramos lo mejor que podemos.

Aunque nuestra alma busca vivir en gracia, por lo general solo somos conscientes de ello cuando sentimos su falta, por ejemplo cuando nuestra fuerza vital ha quedado exhausta por un matrimonio o una situación laboral abusivos, o cuando nos vemos obligados a dejar a un lado nuestros sueños para seguir un curso de vida que es el que se espera de nosotros pero que está lejos de hacernos vibrar. Es entonces cuando nos volvemos adictos a pequeñas dosis de ese raro elixir conocido como «felicidad».

GRACIA Y FELICIDAD

La mayoría confundimos la gracia con la felicidad, pero la primera es profunda y transformadora, mientras que la segunda es fugaz y causal. En nuestra sociedad industrial occidental estamos a merced de la conjunción de circunstancias favorables para que se produzca la felicidad, que no tiene nada que ver con la sensación interior de bienestar que conocemos como gracia. Estamos tan enganchados a esta noción de que la felicidad es la consecuencia de acontecimientos o circunstancias que nos deja perplejo la alegría de la gente «sencilla» o «pobre», aquellos que no tienen más que comida en el estómago, un humilde techo sobre sus cabezas y la buena salud de sus hijos y de sus seres amados, por ejemplo.

Diversos estudios han demostrado que la diferencia en términos de felicidad entre aquellos que tienen dificultades para conseguir su siguiente comida y aquellos que tienen resueltas sus necesidades básicas (como alimento y techo) es bastante sustancial; sin embargo, hay poca diferencia entre quienes tienen cubiertas sus necesidades básicas y quienes son extremadamente ricos. Es evidente que un coche caro o un vestido elegante nos pueden alegrar durante un tiempo, pero enseguida nos acostumbramos y nuestras últimas adquisiciones se convierten en algo normal, de manera que volvemos a un estado de deseo. Parafraseando a Aldous Huxley, convertimos el techo de nuestros deseos de ayer en el suelo de nuestras expectativas de hoy.

Del mismo modo que para la medicina china una persona obesa es alguien que, en realidad, está muriéndose de hambre y que desesperadamente trata de llenar el vacío de su ser con comida, podemos considerar que los consumidores compulsivos tratan desesperadamente de comprar una cura para el vacío psicológico o espiritual de sus vidas. Cuando carecemos de paz interior, vamos por la vida sin vivir realmente en el momento y tratamos de aliviar nuestros sentimientos de malestar malgastando el dinero, comiendo en exceso, llevando una vida sexual promiscua o trabajando de manera obsesiva. También podemos caer en el abuso de sustancias, que nos proporciona únicamente momentos fugaces de felicidad que enseguida se desvanecen y nos dejan con una sensación cada vez mayor de vacío.

La gente recurre a las drogas para sentirse bien, pero cuando surge la dependencia, ese bienestar queda reemplazado por una perniciosa sensación de carencia. Decimos que la adicción es «como tener un mono en la espalda» por una buena razón: cuando los seres humanos caen presa de los instintos del cerebro de mono (miedo, alimentación, lucha y sexualidad), nuestra existencia se convierte en una lucha por la supervivencia, lo que nos imposibilita vivir en gracia. Ambas cosas son incompatibles. En la gracia somos libres para ser como «las lilas del campo», que no necesitan nada, o como aquellos que «pasean por el valle de la sombra de la muerte y no sienten temor»... pero los placeres momentáneos no pueden llevarnos a alcanzar este estado y no lo harán. Después de todo, ¿qué mejor imagen de la gracia hay que la sonrisa de un bebé? Los bebés no se esfuerzan en ser felices ni se protegen contra la tristeza; sencillamente *son*: en eso consiste la gracia.

Pasar del miedo a la gracia

La pérdida de la gracia trae consigo miedo, haciéndonos entrar en un estado de supervivencia. Y cuando sentimos que nuestra supervivencia se ve amenazada, creamos un plan B. Por ejemplo, dos semanas antes de que naciera mi hijo, me puse muy nervioso; me decía a mí mismo que nunca había sido padre y que no sabía cómo serlo. ¡Me desempeñaba bastante bien en el Amazonas, pero no tenía ni idea sobre cómo criar a un hijo!

Me asustaba la idea de terminar conduciendo una pequeña furgoneta convertido en uno de esos padres que llevan a sus hijos al fútbol durante el resto de mis días cuando toda la vida había sido un explorador. De manera que me dije a mí mismo: «Bien, si esto no funciona, siempre podré regresar a la selva tropical». Este era mi plan B, una ruta de escape que mantenía abierta y que me impedía estar totalmente presente con mi familia. Cuando comprendí lo que estaba haciendo, cerré esa salida y deseché mi plan B. Me empeñé en hacer funcionar el «plan A» sin otra alternativa. De hecho, al poco tiempo de nacer mi hijo, disfruté durante dos años de cuidarlo durante la mayor parte del tiempo mientras su madre asistía a la facultad de medicina.

Deshacernos de nuestro plan B (nuestro plan del miedo) nos permite liberarnos de gastar una tremenda cantidad de energía psíquica que podemos invertir en el plan A. Esto, por muy simple que parezca, es el criterio para recuperar la gracia, porque la gracia y el miedo no pueden coexistir en el mismo plan.

EL REY PESCADOR Y LA GRACIA

En el mito de Perceval nos encontramos con el Rey Pescador herido, un ejemplo clásico de alguien separado de la gracia. Cuando aparece por primera vez, está viviendo en el castillo del Grial y se queja de dolor tendido en su lecho, tras haber sufrido una herida en la ingle, mientras que a su alrededor la animada corte se divierte: los caballeros y las damas comen, bailan y beben del Grial. Sí, el Rey Pescador vive en presencia del mismo objeto capaz de sanarle pero no puede disfrutarlo (eso es lo que sucede cuando perdemos la gracia:

estamos rodeados de belleza pero nos resulta imposible reconocerla o disfrutarla). Por el contrario, debe sufrir y esperar la remota posibilidad de que un joven puro e inocente como Perceval encuentre por casualidad el castillo, entre en él y haga la pregunta sanadora: «¿A quién sirve el Grial?».

El Rey Pescador representa el yo herido que llevamos en nuestro interior durante gran parte de nuestras vidas. Observamos la alegría y la belleza a nuestro alrededor; sin embargo nos prohibimos a nosotros mismos participar en ellas. El maduro Perceval también se convierte en una especie de Rey Pescador con la edad: sigue realizando gestas caballerescas pero sin alegría. El fuego que ardía en su interior durante su juventud se ha extinguido por completo. Camina sin rumbo por el campo, olvidándose de que espera la reaparición del castillo del Grial. Hastiado y con la inocencia perdida, se pasa el resto de su vida haciendo lo que siempre ha hecho (rescatar damas y liberar castillos sitiados) hasta que le piden que se quite la armadura. Cuando finalmente vuelve a encontrar el castillo del Grial y formula la pregunta decisiva, tanto él como el Rey Pescador sanan al mismo tiempo, y esto les permite recibir la gracia del Grial.

Ahora bien, la razón de que ninguno de los caballeros del rey Arturo, excepto Perceval, encontrara el Santo Grial es que este no existe en el mundo físico; solo reside en el invisible castillo del Grial. Este es un lugar del que todas las tradiciones de sabiduría dicen que no se puede encontrar buscando... y sin embargo, solo aquellos que buscan pueden descubrirlo. En otras palabras, tenemos que embarcarnos en una búsqueda para hallar lo que siempre ha estado a nuestro alcance o, de lo contrario, les pasaremos esta tarea a nuestros hijos.

Como puedes ver, Perceval y el Rey Pescador son aspectos de nosotros mismos: si nuestro Perceval nunca encuentra el Grial, se convierte en el Rey Pescador, esperando y rezando para que alguien le cure. A menudo veo esto como una herida que ha pasado de madre a hija, o de padre a hijo: los progenitores nunca fueron capaces de salvar al Perceval que tenían dentro, por eso terminaron pasándole la herida la siguiente generación con la esperanza de que sus hijos encontraran la cura para todos los que les precedieron.

※ ※ ※

En último término, toda pérdida del alma es una separación de nuestra propia divinidad, de nuestro ser natural que siempre vive en gracia. Este ser no revela su rostro hasta que nos enfrentamos a nuestras heridas, tenemos el valor de modificar nuestros acuerdos del alma limitadores e iniciamos el viaje del héroe hacia la sanación. Nos imaginamos la gracia como cierto estado divino en el que podemos entrar si practicamos la clase adecuada de meditación o pronunciamos la oración correcta. Pero no hay ninguna señal de tráfico que diga: «A la gracia», indicándonos la ruta que nos llevará hasta ella.

Observar nuestra herida original, como hemos hecho en nuestros primeros viajes, nos proporciona un gran conocimiento: muchos de mis pacientes se sienten aliviados cuando finalmente comprenden que su fobia al fuego, las alturas o los espacios reducidos procede de una experiencia de una vida anterior. Pero una sanación profunda requiere que vayamos más allá de este conocimiento para modificar los acuerdos que nuestro yo herido aceptó y que, una vez hecho esto, recuperemos la parte herida de nuestra alma.

Perceval anduvo durante años vagando sin rumbo por la vida antes de volver a entrar en el castillo del Grial; Psique tuvo que pasar por una profunda pérdida de la inocencia y por cuatro tareas que parecían imposibles para poder hallar esa belleza interna que le dio fuerzas no solo como joven prometida sino también como diosa. Sencillamente, no es posible recobrar la gracia sin embarcarse en el viaje del héroe. Para hacerlo, debemos ir a la Sala de la Gracia y recuperar esa parte de nuestra alma que siempre ha permanecido en la gracia. Es aquí donde descubriremos a nuestro yo sanado, que se ha mantenido en un estado de armonía. Lo que recobremos, que nos llevamos al volver al Edén, nace de la sabiduría: es lo que nos permite volver a confiar utilizando el sentido común, a amar sabiamente y a vivir con el corazón.

El viaje heroico de Lisa

Conocí a Lisa cuando tenía cuarenta y cinco años y se enfrentaba a un caso grave de leucemia causada por un daño cromosómico heredado. Estaba asustada por la gravedad de su enfermedad y viajaba a Houston desde Los Ángeles una vez cada tres meses para hacer un seguimiento de su afección.

Cuando realizamos su recuperación del alma, Lisa y yo descubrimos que su Sala de las Heridas era un lugar triste envuelto en oscuridad. Entre las sombras encontramos una estatua de una mujer con un cuchillo clavado en el corazón, y no nos hablaba ni nos respondía de ningún modo. Cuando fuimos a la Sala de los Acuerdos, había una nota sobre un tablero que decía: «Prefiero morir a vivir con una pérdida».

Seguimos nuestro viaje y entramos en la Sala de la Gracia, donde vimos a una joven sentada en el suelo jugando a la matatena.* Nos sonrió y siguió jugando.

Muy poco antes de que le diagnosticaran cáncer, Lisa había empezado a preguntarle a su tía sobre su niñez y descubrió un episodio traumático de su pasado. Cuando Lisa tenía diecinueve meses, su padre mató a su madre a cuchilladas y luego la acuchilló a ella y a su hermano de cuatro años en el pecho. Al día siguiente, la policía encontró a los niños sangrando junto a su madre, muerta; el cuerpo de su padre apareció varios días más tarde, tras suicidarse.

Lisa no tuvo ningún recuerdo consciente de esos sucesos durante los primeros cuarenta y cinco años de su vida. No sabía nada de cómo murieron sus padres, aunque tanto ella como su hermano tenían cicatrices bajo el corazón fruto del ataque de su padre. Siempre había creído que el tío y la tía que los criaron eran sus padres y aceptó que lo que les sucedió a sus padres biológicos era un tremendo y doloroso secreto que no había que sacar a la luz. Incluso creía que la cicatriz bajo su pecho derecho era una marca de nacimiento. Era evidente que Lisa no quería aceptar este incidente. Lo que le ocurrió era demasiado espantoso para que una niña —e incluso un *adulto*— pudiera entenderlo.

No fue hasta su viaje de recuperación del alma cuando se vio obligada a conocer esa herida. Esa noche, Lisa se despertó con la sensación de que la estaban apuñalando en el

---

* N. del T.: juego de niños en el que se hace rebotar una pelotita y, mientras está en el aire, hay que agarrar unas estrellitas de metal, trozos de madera o piedras que hay en el suelo; conforme se avanza, se agarra una pieza más.

corazón; sentía una angustia que nunca antes había experimentado. Ver la estatua con el cuchillo en el pecho despertó un recuerdo que le causó un dolor físico, y se negó a volver a la Sala de las Heridas, por miedo a no poder soportar el dolor (incluso la Sala de los Acuerdos le parecía demasiado dramática e intimidante). Había visto su herida original y su cuerpo recordó... Sabía que el acuerdo de su alma tenía relación con la herida de su corazón. En una representación simbólica del suceso de su niñez ella tenía incluso el catéter a través del que recibía la medicación de la quimioterapia colocado justo al lado del corazón, un agujero abierto sobre el corazón con un tubo que llegaba hasta él.

⌗ ⌗ ⌗

En física existe la teoría del «punto crítico de análisis», que afirma que hay que trabajar donde el mínimo esfuerzo produce el mayor efecto. Para tal fin, sabía que necesitábamos experimentar la fuerza vital positiva, representada por la chica que encontramos en la Sala de la Gracia de Lisa jugando a la matatena, antes de poder volver a visitar la Sala de las Heridas.

Inmediatamente después de la recuperación del alma, le dije a Lisa que imaginara que estaba jugando a la matatena, tomando al principio una estrellita de metal, luego dos, después tres, etcétera, animándola a seguir hasta llegar a tomar las doce estrellitas que componen el juego. Ella se esforzó en imaginar el juego, que iba haciéndose cada vez más complejo, pero la matatena era perfecto para Lisa. Aunque se requería coordinación y concentración, la matatena no era en absoluto cerebral. A medida que el juego aumentaba en complejidad, tuvo que dejar a un lado esa necesidad que sentía habitualmente de controlarlo todo. Tras la última ronda, cuando tomó todas las estrellitas imaginarias, sonreía de oreja a oreja.

Este ejercicio ayudó a Lisa a manifestar la parte joven y sana de su alma. Lo hizo extendiendo los brazos y acogiendo en su chakra del corazón a la niña llena de gracia, sintiendo cómo esa energía infantil se extendía por todo su cuerpo. También le permitió entender que tenía capacidad e instinto para desempeñarse bien en los juegos y en la vida.

Después del juego, regresamos a la Sala de las Heridas y Lisa miró a la estatua que tenía un cuchillo clavado en el corazón. Pese a que ahora estaba claro lo que significaba, seguía sin entender por qué estaba allí la estatua. Lo único que sabía es que su presencia la paralizaba. Le pedí que le extrajera el cuchillo del corazón y lo arrojara. De repente, sus brazos empezaron a moverse y comprendió que podía sacar ese cuchillo que, a un nivel simbólico y energético, seguía alojado en su propio corazón.

Unos cuantos meses más tarde, Lisa fue a Houston a hacerse una revisión y descubrió que su leucemia estaba remitiendo. No volvió a reproducirse.

Recibir la parte perdida del alma

Mientras trabajaba con Lisa, visité la Sala de la Gracia antes de volver a la Sala de las Heridas, una práctica habitual cuando alguien ha sufrido un gran trauma, como en el caso de Lisa. Sabía que necesitaría una gran fortaleza para enfrentarse a una situación muy difícil y, en un caso así, era importante visitar la Sala de la Gracia varias veces para asegurarle a la parte perdida del alma que Lisa estaba lista para recibirla. Si se hubiera llevado esa parte vulnerable de su alma sin crear antes un entorno amoroso y seguro para ella en su vida, habría vuelto a apartarse porque no se sentiría acogida e integrada en su mundo.

Como habrás visto con la historia de Lisa, lo que encontramos en el Mundo Inferior puede ser muy perturbador. En The Four Winds Society, donde formo a los estudiantes en la práctica de la sanación por medio de la recuperación del alma, insisto en la importancia de dominar esta técnica antes de practicarla con alguien más. Es muy importante mantener una gran integridad y concentración a la hora de recuperar la parte perdida de un alma, pero esto es especialmente relevante al hacer un peregrinaje en nombre de otra persona; se trata de un proceso delicado que requiere autocontrol.

¿Puedes imaginarte lo duro que es para un lobo llevar en la boca durante kilómetros un delicioso conejo para un miembro herido de su manada, sin comérselo? Del mismo modo, una parte del alma es una porción delicada y exquisita de energía que podemos sentir la tentación de usar para nuestra propia sanación, en lugar de para la sanación de otros. Un guía que no esté sanado puede proyectar su sombra en la persona a la que se supone que está ayudando.

❈ ❈ ❈

Recuerda que, cuando entres en la Sala de la Gracia para recuperar una parte perdida de tu alma, tendrás que volver a familiarizarte con esa parte y protegerla (aprenderás a hacer esto con el ejercicio del diario al final de este capítulo).

Encontrar una herida original no conlleva la gracia, ni tampoco lo hará modificar un acuerdo del alma; *necesitas recuperar la parte perdida del alma y tomar su energía y sus recursos emocionales para integrarlos en tu sistema de chakras* y de ese modo volver a darle forma a tu neurofisiología y tu cerebro. Esto es lo único que te permitirá experimentar de nuevo la seguridad y la gracia.

No puedes esperar que por el simple hecho de visitar la Sala de la Gracia llegues a un final feliz y a vivir con alegría y gracia durante el resto de tu vida. La gracia es un viaje del héroe que se inicia en esta sala y comienza a nivel energético cuando absorbes la parte del alma en tu interior a través del sistema de chakras. Afortunadamente, la parte del alma te orientará y te enseñará las tareas que debes realizar para recibirla y darle la bienvenida a casa.

Ejercicio: viaje a la Sala de la Gracia

Prepárate para este viaje abriendo un espacio sagrado. Siéntate cómodamente, extiende las manos hasta el octavo chakra y expande este «sol» radiante para que cubra todo tu cuerpo. Realiza el ejercicio de la pequeña muerte y viaja hasta tu jardín del Mundo Inferior.

Cuando encuentres al guardián, exponle tu intención y pídele que te permita encontrar al yo que se mantiene entero y en estado de gracia. Podría ser una niña, un anciano, o una mujer de mediana edad. Hazle preguntas como: «¿Quién eres?», «¿Qué regalos me traes?», «¿Qué te hace falta para poder confiar?», «¿Cómo juegas?», «¿Cómo puedo cuidarte y protegerte?» y «¿Qué partes de mí debo cambiar para que te quedes conmigo?».

Pregúntale a la parte del alma si está lista para regresar contigo. Puede que te entregue una lista de tareas que debes realizar para que esté dispuesta a volver. Por ejemplo, podría preguntarte: «¿Por qué debería hacerlo?» y recriminarte que no tienes tiempo para su inocencia, su alegría y su juego.

En ocasiones, te dirá que vuelvas a por ella al cabo de una semana, una vez que hayas aclarado los conflictos que tenías en una relación, y te encomendará una tarea aparentemente imposible de realizar, como las que se le asignaron a Psique. A menudo te entregará una lista de creencias, actitudes y comportamientos que debes cambiar para poder iniciar el viaje del héroe.

Invita a esa parte de tu alma a regresar contigo si está preparada. Vuelve a tu jardín y llámala para que se una a ti. Dale las gracias al guardián y sumérgete en las aguas, dejando que te arrastren al lugar en el que descansabas. Desde allí, emprende el regreso a tu habitación y a tu cuerpo. A continuación, extiende las manos hacia fuera e invita a la parte de tu alma a entrar en tu cuerpo a través de cualquier chakra al que tu instinto te guíe. Recíbela con las palmas de las manos y llévala a ese chakra. Inspira profundamente y siente cómo la esencia de esa parte perdida de tu ser llena cada célula de tu cuerpo con su poder y su gracia. Vuelve a inspirar profundamente y ten presente que nunca volverás a separarte de una parte de ti. Luego cierra el espacio sagrado.

EJERCICIO: AFIRMACIÓN PERSONAL

Te vendrá bien crear tu propia oración, para ratificar que para ti la vida es una aventura sagrada y lúdica a la vez, que ves y aprecias la belleza que te rodea y que formas parte de ella. La siguiente oración, basada en un poema tradicional navajo es un mantra que uso a diario para orientarme en la vida y mantenerme en un estado de gracia. Es un placer compartirlo contigo:

Belleza ante mí,

belleza detrás de mí,

belleza a mi alrededor.

Estoy rodeado de belleza.

Camino en la belleza.

Esta oración reafirma los dones y la gracia de mi ser sanado. No hay nada más grande que el poder de la oración, sobre todo cuando es tu propia plegaria y te nace del corazón.

Al crear tu plegaria, asegúrate de que es una afirmación positiva. No debería ser una petición de algo que quieres recibir o solucionar; al contrario, es una expresión de agradecimiento por la vida en sí, una herramienta para nutrir la gracia y devolverte la dicha. Repítela habitualmente, como si estuvieras regando una planta. Una vez que hayas recuperado la gracia, debes cuidarla y apreciarla para que te impulse hacia delante y te brinde paz y alegría.

Otra de mis oraciones, que puedes recitar por la mañana al despertar y durante todo el día, es:

Madre Tierra, Padre Cielo,

gracias por la belleza y el amor que me rodean.

Que pueda llevar paz a mí mismo y a todo el que toque,

alegría a mi ser y a todo el que vea.

Camino en medio de la belleza, la dicha y la paz.

Abre un espacio sagrado y dedica unos momentos a recitar tu propia plegaria. Escríbela y guárdala en tu corazón.

Cuando hayas terminado, cierra el espacio sagrado.

EJERCICIO: DIÁLOGO CON LA PARTE RECIÉN RECUPERADA DE TU ALMA

Este diálogo en forma de diario te ayudará a entender a la parte perdida de tu alma, y así podrás integrarla en tu vida. Quizá notes que después de realizar el ejercicio del diálogo esa parte de tu alma empieza a visitarte en sueños o en visiones cuando estás meditando.

Como hiciste antes, empieza por abrir un espacio sagrado; luego traza una línea vertical en el centro de una página en blanco de tu diario. En el lado izquierdo, escribe las preguntas para que la parte perdida de tu alma las conteste en el lado derecho de la página. Tus preguntas pueden ser, entre otras: «¿Cómo puedo protegerte?», «¿Qué lecciones vienes a enseñarme?», «¿Qué puedo hacer para que te sientas más segura?», «¿Cómo puedo honrarte?» y «¿Qué regalos me brindas?».

Deja que el diálogo fluya, no te apresures.

Cierra el espacio sagrado cuando hayas terminado.

❉ ❉ ❉

CAPÍTULO SIETE

LA SALA DE LOS TESOROS

Todos creen que soy antropólogo, pero en lo más hondo de mi ser sé que soy un poeta.

Del diario de Alberto

Si Billie Holiday no hubiera aprendido nunca a usar su voz desgarradora para cantar contra el racismo, o si Ana Frank no hubiese vertido en su diario la narración angustiosa del tiempo que pasó escondiéndose de los nazis, el sufrimiento habría destruido sus vidas y el mundo entero se habría empobrecido a raíz de su pérdida. Por suerte, ambas mujeres emplearon sus dones para superar las circunstancias más desalentadoras y encontrar su destino.

Por muy extraordinarios que parezcan estos ejemplos, lo cierto es que todos tenemos algún don: un tesoro que podemos extraer del Mundo Inferior y que nos ayudará a cumplir con nuestro destino. Desgraciadamente, la mayoría de nosotros no somos conscientes de estas capacidades ocultas porque nos hemos amoldado a las exigencias de la familia, el trabajo y las circunstancias. Nos hemos acostumbrado a una manera de vivir y permanecemos fieles a ella, tanto si es adecuada para nosotros como si no lo es. Seguimos montados en el mismo tren sencillamente porque ya tenemos un asiento y es más cómodo continuar así que recoger el equipaje, bajarse en la próxima estación y cambiar de rumbo. Por ejemplo, antes de entrar en la universidad hacemos una prueba que nos revela que poseemos aptitudes para la carrera de medicina aunque lo que nos pide el corazón es diseñar aviones. De manera que nuestros consejeros nos orientan hacia la facultad de farmacia y terminamos contando pastillas en un mostrador mientras miramos nostálgicamente hacia las nubes. Hemos desoído nuestra vocación.

Ahora bien, mientras que la vocación de Ana Frank era convertirse en narradora y usar su pluma, la *tuya* puede ser enseñar, ayudar a los demás, trabajar la tierra y producir alimentos o ser el mejor limpiador de ventanas del mundo. En este capítulo viajaremos a la Sala de los Tesoros para recuperar una herramienta que te permitirá expresar tu vocación, sea cual sea, porque una vocación sin una herramienta es como un piloto de carreras sin un Ferrari. Y, sinceramente, no hay nada más frustrante que una persona que ha nacido con un gran don para la música, la poesía o la ciencia y no lo llega a desarrollar, ni nada más fastidioso que alguien que está siempre hablando de lo mucho que desea ser artista pero se niega a cultivar las aptitudes que le ayudarían a alcanzar esa meta.

Regalos mágicos

Tu vocación innata atraerá todo lo que precise para llevar a cabo su misión y su propósito. De hecho, estas herramientas son «regalos mágicos» porque traen consigo el poder para dar expresión a otra dimensión de tu vida; te permitirán cambiar de tren, dirigirte a un nuevo destino.

Las herramientas son metáforas que adoptan diferentes formas y estilos; la tuya puede ser un pincel o incluso algo más sencillo, como una piedra o un grano de arroz. Estos regalos mágicos nunca son solo lo que parecen ser: poseen una cualidad mística y misteriosa que debes descubrir por ti mismo. Por ejemplo, el bolígrafo que encuentras en la Sala de los Tesoros no es únicamente un utensilio para escribir; también es una herramienta que invoca al poeta que llevas dentro de ti.

Sin embargo, no puedes conformarte con que estas herramientas se queden donde están esperando que vayas a por ellas, como un anillo de diamantes en una joyería. Lo que hace que el anillo sea tan valioso es, por encima de todo, que primero hubo que extraer la piedra de la tierra con un gran coste humano. Apreciamos las piedras preciosas por su belleza, pero también por lo que cuesta conseguirlas; su valor surge de lo rara y extraordinaria que es su mera existencia.

De la misma manera que al excavar para buscar diamantes, hay que viajar a lo más hondo de la Sala de los Tesoros para encontrar herramientas valiosas. Se trata de los regalos de tu subconsciente, no las llaves y los alicates de tu vida cotidiana o familiar. En otras palabras, no es la clase de bolígrafo que se usa para firmar cheques sino la pluma con la que se escriben los poemas. Son los materiales del místico, el sabio, el artista y el científico.

Ahora bien, aunque tendemos a pensar que cuanto más compleja sea la herramienta, mejor, en este caso es precisamente lo más sencillo lo que tiene más valor: compramos coches enormes y nos olvidamos de usar las piernas hasta que se debilitan tanto que dejan de servirnos, buscamos la barbacoa más sofisticada y nos olvidamos de cómo se enciende un fuego, adquirimos el ordenador portátil más caro para escribir una novela cuando nos bastaría con apenas un bolígrafo y papel y olvidamos que los mitos y leyendas están llenos de héroes y heroínas que superan los obstáculos más difíciles con herramientas rudimentarias que para ellos son perfectas.

La sencilla y eficaz herramienta de David

La narración bíblica de David y Goliat cuenta cómo un joven pastor cambió el curso de la civilización occidental utilizando una sencilla honda.

David, el menor de ocho hijos, vivía con su familia en Belén durante el reino del rey Saúl. El joven cuidaba de las ovejas de su padre y pasaba con ellas día y noche para defenderlas de los depredadores. Una vez mató con su honda a un león que estaba robando a una oveja, y otra, usando la misma arma, a un oso que se llevaba un cordero. Y en las largas noches junto al fuego, tocaba el arpa y componía canciones en honor a Dios que cantaba mientras vigilaba a su rebaño dormido.

Mientras tanto, los tres hermanos mayores de David servían como soldados en el ejército del rey, inmerso en una lucha desesperada contra los filisteos que contaban con muchos gigantes en sus filas. El más fiero de todos ellos era Goliat, con una altura de casi tres metros. Durante cuarenta días su figura imponente los estuvo acechando desde el borde de la montaña donde acampaban los ejércitos filisteos. Desde allí retaba a gritos al rey Saúl a través del valle, diciendo:

—¡Elige un hombre para que venga a luchar contra mí! Si me mata, los filisteos seremos vuestros siervos. Si lo mato, seréis nuestros esclavos.

Goliat aterrorizaba el corazón de los soldados del rey Saúl y ningún hombre se atrevía a ofrecerse a luchar contra él.

Un día, el padre de David llenó un saco con pan, trigo y queso y le pidió a su hijo que se lo llevara a sus hermanos que luchaban en el frente para que tuvieran algo decente que comer. Cuando David llegó al campamento, oyó a Goliat bramando a través del valle a los aterrorizados soldados. Sabían que sus armas no los protegerían; en cambio, David creía que Dios estaba de su lado, por lo que fue al rey Saúl y se ofreció para ir a luchar contra Goliat.

El monarca recibió con escepticismo la oferta de David. Ante él solo veía a un pequeño pastor ataviado con una sencilla piel de oveja que no sabía nada del arte de la guerra. Le explicó al joven que dudaba de que tuviera la menor oportunidad de vencer al gigante y que en el caso de que David fallara su reino correría un riesgo demasiado grande.

David le contestó:

—Cuando guardaba las ovejas de mi padre, un león se llevó a una oveja del rebaño y salí detrás de él, le arranqué la oveja de la boca y maté a la fiera. El Señor que me libró de las garras del león me librará de las manos de este filisteo.

El rey Saúl se dio cuenta de que David no era como los demás hombres, de manera que le ofreció al pastor su propia armadura y su casco, las herramientas tradicionales de la guerra. Pero la armadura le pesaba demasiado, así que se la quitó y se marchó armado únicamente con su honda.

Se detuvo en un arroyo del valle y recogió cinco piedras lisas para meterlas en su bolsa; luego subió la colina hacia el campamento filisteo. Cuando Goliat vio a David, sin armadura ni casco y llevando solo una honda, le maldijo y gritó:

—¿Acaso soy un perro para que vengas a atacarme con unos palos?

Rezando una breve oración, David colocó una de las piedras lisas en su honda y la echó hacia atrás para tomar impulso. Cuando tiró de ella con fuerza, la piedra salió lanzada y golpeó al gigante en la frente, haciéndole caer de espaldas al suelo. David corrió rápidamente, agarró la espada del gigante, la sacó de su vaina y le cortó de un solo tajo la cabeza. Los soldados filisteos quedaron estupefactos y salieron corriendo despavoridos. El ejército del rey Saúl los persiguió y la gente de las ciudades cercanas bailó y cantó de alegría celebrando la victoria de David. Más tarde, a la muerte de Saúl, David se convirtió en el rey de Israel.

Nuestra propia honda

La historia de David y Goliat es un ejemplo de lo que puede suceder cuando seguimos nuestra vocación con la herramienta adecuada, aun cuando sea tan sencilla como una honda. Aunque todo el mundo veía a David como un humilde pastor, él sabía en el fondo de su ser que en realidad era un rey. Y para alcanzar su destino tenía que utilizar sus propias herramientas, no las del rey Saúl ni las de ningún otro soldado. Nadie más que él habría sido capaz de derrotar a Goliat con una honda, pero David pudo hacerlo porque ese era el instrumento adecuado para él. Del mismo modo, si llegamos hasta lo más profundo, con toda seguridad encontraremos allí lo más adecuado para nosotros.

A menudo, como sucedió con David, nuestras herramientas llevan la vida entera delante de nosotros, pero para poder usarlas tenemos que crecer y alcanzar a comprender su valor. En el mito de Perceval, lo que este caballero necesita para cambiar su vida y su destino está literalmente debajo de su nariz: se trata de su propia voz. Solo tiene que reconocer su poder innato y aprender a usarlo para hacerle esa pregunta crucial al Santo Grial. En lugar de eso, Perceval madura hasta convertirse en un hombre de acción fuerte y callado que carece de la capacidad de expresar en palabras el asombro que le provoca el mundo. Se apoya en su espada y en su armadura porque eso, las herramientas tradicionales de los caballeros, es lo que llevaba su padre. Sin embargo, deja pasar una oportunidad detrás de otra porque no es capaz de emplear su voz para hablar por sí mismo. Deja pasar el amor de su vida por no preguntarle a Blanca Flor: «¿Soy yo el que has estado esperando?» Encuentra el Grial en su juventud, pero no hace la pregunta con la que podrá culminar su destino. Perceval malgasta estas oportunidades preciosas de encontrarse con su destino escondiéndose tras su armadura, hasta que al final emplea apropiadamente su voz y solo entonces se le revela el poder del Grial.

Psique también emplea herramientas muy sencillas para llevar a cabo sus cuatro tareas: utiliza a las hormigas para que separen las semillas, las cañas para conseguir el vellocino de oro, al águila para recoger agua del río Estigia y las monedas y la torta de cebada para salir del Hades. Pero, como Perceval, quizá la herramienta más poderosa que emplea es su capacidad, recién adquirida, de decir sí a lo que constituye su misión y no a aquello que la aparta de ella, como el hombre que se está ahogando y las tres mujeres que hilan las hebras del destino. Esa capacidad de decir no también es crucial para ti: el protagonista del viaje eres *tú*, en este preciso momento, no cualquiera que te pida ayuda.

Los relatos de Perceval y Psique nos enseñan que las herramientas que recibimos han de usarse de una forma determinada; por eso debemos procurar emplearlas en la tarea adecuada.

Si Perceval solo hubiera utilizado su voz para hablarse a sí mismo frente al espejo, esta no le habría servido como herramienta. Si Psique se hubiera comido las tortas de cebada en lugar de entregárselas a Cerbero, o hubiera utilizado las monedas para comprar algo, habría fracasado en la búsqueda de su belleza interna. Si David no hubiera usado su honda, habría seguido siendo pastor toda su vida, el ejército del rey Saúl habría sido derrotado y el joven jamás habría llegado a ser rey.

Encontrar nuestra propia voz o nuestra propia honda puede llevarnos a emprender el rumbo hacia nuestro destino... pero eso no significa que ya no haya que luchar contra el gigante. Nuestra herramienta no es una varita mágica que todo lo vuelve bueno sino algo que nos permite enfrentarnos a situaciones que nos parecen insuperables, abrumadoras y desoladoras. Tal y como vemos en el caso del rey Saúl y su ejército, cuando nuestros recursos emocionales se agotan y toda esa fuente de energía positiva que llevamos en nuestro interior se vuelve inaccesible, nos quedamos estancados y somos incapaces de dar un paso hacia delante. Una herramienta tan sencilla como una honda podría permitirnos cambiar el curso de la historia, igual que en el relato de David; el riesgo es enorme, la situación es desesperada pero la recompensa es extraordinaria. Cuando empleamos los tesoros enterrados en lo más profundo de nuestro ser para cumplir nuestra misión, los resultados son milagrosos: pasamos de ser unos sencillos pastores a convertirnos en los reyes de nuestra vida interior.

Descubrir una herramienta creativa

La herramienta encontrada en tu viaje puede revelarte tu vocación y cambiar tu vida por completo. Por ejemplo, cuando mi paciente Sally entró en la Sala de los Tesoros, encontró una pluma de oro que le dijo que la persona que la tomara ya no sería capaz de soltarla. Sally dudó, porque había soñado durante toda su vida con ser escritora, pero nunca había encontrado tiempo para escribir. No solo tenía que sacar una familia adelante sino que además ayudaba a su marido con la contabilidad del negocio y dirigía su consulta de sanadora a tiempo completo.

Junto a la pluma, Sally halló también un reloj de arena, y se trajo ambos regalos. En el transcurso de las semanas siguientes, tomó el reloj de arena en sus manos, tratando de entender su significado. Cuando descubrió que podía darle la vuelta y la arena empezaría a caer del otro lado, comprendió que ella tenía la capacidad de crear tiempo y que ese tiempo era suyo. Como consecuencia de esto empezó a dedicar menos horas a trabajar. Luego usó su pluma dorada, que comenzó a contarle las historias que ella tenía en su interior. ¡Desde ese momento, tal y como se le advirtió en su viaje, no ha podido soltar la pluma! Sally ha terminado su primer libro de relatos y actualmente está trabajando en una segunda obra.

Las herramientas creativas pueden ser instrumentos de salvación cuando se usa todo su potencial. Cuando la gran pintora mexicana Frida Kahlo quedó con terribles secuelas como consecuencia de un accidente de autobús, lo único que le dio la fuerza para seguir adelante fue desarrollar su talento artístico. Tenía una elección: crear o morir. Muchos de sus cuadros ilustran gráficamente el dolor y el sufrimiento que soportó, y su misma existencia atestigua su poder. Otro ejemplo de un don sencillo pero transformativo puede encontrarse en la película de 2002 *El pianista*. Este film cuenta la historia del extraordinario pianista polaco Wladyslaw Szpilman, que sobrevivió a la ocupación nazi de Varsovia gracias a su habilidad para tocar el piano. La música nutrió su espíritu y mantuvo viva su alma en medio de la más absoluta miseria.

Pasar de lo imaginario a lo práctico

A veces no es fácil reconocer ni emplear las herramientas interiores e intangibles que encontramos en la Sala de los Tesoros. Es necesario reflexionar para saber usar un objeto como herramienta y sacar a la luz su propósito en nuestras vidas. Por ejemplo, durante una de mis primeras visitas al Amazonas, un chamán me entregó, tras mi recuperación del alma, una caracola de alabastro del tamaño de mi mano como regalo. Es un tesoro con el que llevo muchos años pero me costó meses llegar a entender por completo lo que se suponía que debía hacer con él.

En su momento, el chamán me dijo:

—Deja que te hable. Descubrirás cuál es su poder.

De manera que llevaba la caracola conmigo a todas partes. Podía apreciar su belleza y si soplaba por el agujero del extremo, producía un sonido con ella. Me la acerqué al oído y me di cuenta de que no podía oír el mar, pero en cambio se amplificaban todos los sonidos que me llegaban. Fue entonces cuando comprendí una parte de la lección: debía aprender a escuchar mejor mi vocación. Y descubrí que *mi* vocación tenía que ver con llamar a otros. Fue una gran enseñanza que llegó a mí con solo sostener en mis manos una sencilla caracola.

Años más tarde supe que en muchas sociedades tradicionales el sonido de la caracola es una llamada a la oración y que parte de mi vocación era ayudar a los demás a encontrar sus propios dones como sanadores y chamanes modernos. Cuando entendí que la caracola era un instrumento para convocar a la gente, comprendí también que había sido construida por un animal para que le sirviera de casa, y que este animal caminaba bajo el agua con la casa a su espalda. Me di cuenta de que en gran medida eso era exactamente lo que yo estaba haciendo en ese momento: caminar por los Andes con mi casa portátil, que era mi tienda. Llevaba una gran mochila a la espalda, lo mismo que una caracola, en la que acarreaba el equipo de acampada, que me proporcionaba una sensación de seguridad y protección. Tuve que preguntarme a mí mismo si de verdad necesitaba una concha tan grande a más de cuatro mil metros de altura cuando tenía que acarrearla sobre la espalda como hacía esa criatura.

Reflexioné sobre el equipaje que llevaba sobre la espalda y lo que necesitaba para sentirme cómodo y seguro en el mundo. La caracola me mostró cómo viajar ligero, llevando todo lo que amo en mi corazón, que es mi verdadera casa. Esta concha sigue siendo una gran herramienta para mí porque lo que le confiere valor a una herramienta como tal no es el uso para el que fue creada originalmente sino el que en realidad le damos.

Tras encontrar nuestra herramienta, debemos descubrir la manera de lograr que pase de ser un mero objeto simbólico a convertirse en un instrumento práctico. Para ayudarle en este proceso, suelo entregarles a mis pacientes un objeto que representa lo que encuentro en la Sala de los Tesoros, al igual que el chamán me regaló la caracola. De esta manera, puedo llevar la herramienta del mundo imaginario al terreno físico de la realidad común. Me gusta que sea algo con lo que pueda realmente trabajar, algo que pueda transportar o llevar encima, un objeto sobre el que pueda meditar y que sea posible sostener en las manos y utilizar, porque de ese modo tendrá un impacto en su vida diaria.

Puedo traerle una piedra, o le pido que se consiga un bol y le digo:

—En este bol está tu magia, ¿qué quieres poner dentro? ¡Prueba diferentes cosas! ¡Ponle agua y flores, o velas! ¿O qué tal dejar el bol vacío, convertirte en una vasija vacía para contener el Espíritu? ¿Cómo preparas la copa para el vino?

La práctica física de sostener la herramienta revelará sus mensajes.

El cuchillo sanador de Laura

Laura era una directora de un programa universitario que se vio envuelta en las redes de intrigas políticas de su trabajo. Acudió a mí buscando un enfoque diferente de la sanación.

En el transcurso del viaje que hicimos juntos encontré un cuchillo de oro sobre una mesa en su Sala de los Tesoros. Traje conmigo este símbolo y lo insuflé energéticamente con mi aliento —así es como tradicionalmente se «transfiere» la esencia de una parte del alma, herramienta o poder animal— en su tercer chakra (hablaré sobre los poderes animales con más detalle en el próximo capítulo). Después le pedí que consiguiera un cuchillo ceremonial, y Laura lo hizo. Eligió uno precioso con una turquesa incrustada en la empuñadura. Lo llevó encima durante los seis meses siguientes.

En sus meditaciones usaba el cuchillo para cortar los lazos de las relaciones tóxicas, las intrigas laborales y las restricciones que se imponía a sí misma. Le pedí que pasara el cuchillo despacio y a conciencia sobre su cuerpo para cortar simbólicamente las cuerdas que la esclavizaban. Quería que se desenredara de esos hilos que la ataban a su pasado y a las relaciones que la estaban sofocando. Estas meditaciones también le enseñaban a «afilar su hoja» para poder agudizar sus poderes de discernimiento y tomar mejores decisiones. Al mismo tiempo, le mostraban que debía procurar no usar sus herramientas de discernimiento como armas contra los demás y le hacían ser consciente de cómo ejercía su propio poder.

Además le traje una araña como animal de poder y con mi aliento la insuflé en su segundo chakra, pero ni Laura ni yo entendíamos el significado de esta criatura. Lo que yo no sabía es que en ese momento estaba sufriendo una grave enfermedad pulmonar, llamada sarcoidosis, que no respondía al tratamiento. Su médico le advirtió que era posible que necesitara un trasplante de pulmón, y esto le daba mucho miedo no solo por la complejidad de la operación sino también porque era madre soltera y tenía dos hijas gemelas de siete años.

A Laura le había picado una araña venenosa en la mano izquierda unos cuantos años antes. Su mano se hinchó y la picadura se llenó de pus, pero cuando se curó ya no volvió a pensar en ella. Aunque nunca se le había ocurrido que tuviesen alguna conexión, ahora comprendía que esa enfermedad pulmonar tan grave apareció justo después de que le picara la araña.

Tras meditar sobre su poder animal, Laura entendió la relación entre la picadura de la araña y las «redes» en las que estaba atrapada. Tan pronto como empezó a cortar todas esas ligaduras que la ataban en su vida, su organismo pudo eliminar el veneno que había causado su enfermedad. Más tarde, su poder animal le enseñó que *todo* queda atrapado en la telaraña, excepto la propia araña.

Sus pulmones volvieron a funcionar normalmente y pudo viajar conmigo a Perú en una de nuestras expediciones e incluso acampar sin problemas a más de cuatro mil metros de altura. Además, su curación física propició un gran crecimiento emocional y espiritual.

¿Cuál es tu herramienta?

Ha llegado el momento de viajar a la última sala del Mundo Inferior, la Sala de los Tesoros, donde encontrarás tu propia herramienta, esa «honda» mítica que conquistará a los monstruos gemelos de la apatía y la resistencia al cambio. Pedirás un instrumento enterrado profundamente, algo que puedas emplear en tu vida diaria. Puede ser una herramienta creativa, como la pluma de Sally; una herramienta curativa, como el cuchillo de Laura, o una herramienta que te ayude a crecer o a descubrir tu propósito, pero recuerda que del mismo modo que las piedras preciosas están escondidas a mucha profundidad y se requiere un esfuerzo considerable para extraerlas, obtener esos tesoros enterrados en lo más profundo no será fácil. Tendrás que ser firme, incluso si alguien no ve este don en ti o dice: «¿Que tú eres escritora? No me hagas reír. ¡Solo eres una madre!». Y luego tendrás que perfeccionarlo, como un orfebre que hace joyas, para crear belleza.

Cuando encuentres tu herramienta, la llevarás desde el Mundo Inferior del potencial y la posibilidad hasta el mundo físico de la acción y la expresión. Igual que David desafió y derrotó a Goliat con su honda, Psique usó sus monedas y sus tortas de cebada para entrar y salir de forma segura del Hades y Perceval empleó su voz, tu propia herramienta tiene un poder sagrado que te impulsará a manifestar creativamente tus dones especiales.

Prepárate para este peregrinaje creando la intención apropiada: ábrete a recibir el don que representa esta herramienta, así como los desafíos y exigencias que lleva consigo.

EJERCICIO: VIAJE A LA SALA DE LOS TESOROS

Abre un espacio sagrado, realiza el ejercicio de la pequeña muerte y viaja a tu jardín del Mundo Inferior.

Declara la intención de encontrar tu instrumento sagrado y pídele al guardián que te guíe a la Sala de los Tesoros. Cuando entres, solicita un instrumento que puedas usar para expresar tus dones. Como has hecho anteriormente, habla con la figura que encuentres allí, ya sea una persona, una mesa o un cáliz, y hazle preguntas que determinen la naturaleza de tu instrumento y cómo puede usarse. Cuando viajo a esta sala, me gusta imaginarla con muchos accesorios, entre ellos estanterías de libros, baúles, una chimenea y una mesa en el centro. Sé que la herramienta que mi paciente necesita estará sobre la mesa. Pero a veces la mesa está vacía y debo apartar las telarañas de los estantes o abrir un arca para descubrir un instrumento que permanece escondido a la vista. Busca en la habitación (también puedes pedirle orientación y consejos al guardián). Cuando encuentres tu herramienta, tómala. ¿Qué utilidad tendrá? ¿Qué puede enseñarte? Cuando hayas tomado tu objeto de poder, comienza tu viaje de regreso, dale las gracias al guardián, sumérgete en las aguas y regresa a la habitación llevando tu instrumento. Sostenlo en la palma de la mano y llévalo al chakra al que te sientes guiado. Si no recibes instrucciones específicas, llévalo al chakra del corazón. Recuerda que este es un regalo energético, inspira profundamente y siente cómo su energía y su poder llenan cada célula de tu cuerpo.

Cierra tu espacio sagrado.

EJERCICIO: ENCONTRAR EL OBJETO EN CASA

Busca un objeto en tu casa que se asemeje bastante a la herramienta que has descubierto. ¡No salgas a comprarlo! Recuerda que con mucha frecuencia los instrumentos están delante de nuestras narices. Busca en tus armarios y cajones hasta que encuentres lo que más se parezca al instrumento que has recibido. Siéntate a meditar con este objeto, gíralo en tus manos y deja que te instruya y te guíe hacia los dones que quiere expresar.

Ejercicio: diálogo con la herramienta

Una vez que has traído tu herramienta del Mundo Inferior, este ejercicio te ayudará a aprender más sobre su papel en tu vida.

Empieza por abrir un espacio sagrado. Luego saca tu diario y traza una línea vertical en el centro de una página en blanco. En el lado izquierdo escribe preguntas para tu herramienta; en el derecho, anota las respuestas que te ofrezca. Algunas de las preguntas pueden ser: «¿Cuál es la mejor forma de usarte?», «¿Cómo puedo introducirte en mi vida diaria?», «¿Cómo puedo hacerte práctica?», «¿De qué herramientas anticuadas tengo que prescindir para trabajar contigo?», «¿Hay herramientas que ya no necesito?», «¿Cómo alentarás mi creatividad?» y «¿Cómo me sirves como instrumento de sanación?».

Deja que el diálogo fluya, no te apresures.

Cierra el espacio sagrado cuando termines.

❀ ❀ ❀

En el próximo capítulo aprenderás a recobrar tu poder animal, que te enseñará a prestar atención a tus instintos naturales.

❀ ❀ ❀

CAPÍTULO OCHO

LOS ANIMALES DE PODER

Me muevo. Y respiro.

Me muevo a través de una composición cromática formada por múltiples capas de hojas mojadas, lianas colgantes, rojos, amarillos y verdes que a la luz de la luna se ven de un gris plateado. Mi cabeza cuelga hacia la tierra, va casi pegada a ella. Más rápido, jadeo. La tierra se hunde ligeramente bajo las plantas de mis... ¿manos y pies? Se mueven con la cadencia de los latidos de mi corazón. Mi respiración es caliente y húmeda, el corazón me late muy deprisa y puedo percibir mi olor por encima de la maraña húmeda de la selva.

Hay un claro y allí estoy yo, sentado con las piernas cruzadas, empapado de humedad y brillando a la luz de la luna. Tengo la cabeza echada hacia atrás y la garganta tirante, expuesta. Los brazos, relajados, extendidos a los costados; las palmas de las manos, sobre el suelo.

Me veo desde el límite de la selva. Totalmente quieto aparte del movimiento de la respiración. Detrás de mí se adivina la agitación de la selva, que no duerme.

Me muevo con la elasticidad de una sombra, siguiendo los contornos de los límites del claro para rodear a mi presa.

Sin hacer ruido. Más cerca.

Ahora respiramos juntos. Mi cabeza cae hacia delante. La barbilla me toca el pecho. Alzo la cabeza, abro los ojos para mirar los ojos felinos amarillos, mis ojos, ojos de animal. El aliento se detiene en mi garganta y me acerco a la cara del gato de la selva.

DEL DIARIO DE ALBERTO[1]

Si les hablas a los animales, ellos te hablarán y os conoceréis. Si no les hablas, no los conocerás y lo que no conoces te dará miedo. Uno destruye lo que teme.

DEL LIBRO *ANIMAL-SPEAK*, DE TED ANDREWS[2]

Los delfines nos atraen porque parecen muy juguetones y libres. Sentimos una conexión con ellos y ellos a su vez parecen saludarnos desde el mar como embajadores de la naturaleza, inteligentes, diestros y acrobáticos, nadando junto a nuestros barcos y llamándonos con chirridos y chasquidos. Los antiguos griegos creían que eran mensajeros sagrados y los bendecían como símbolos del mar. Los delfines pueden enseñarnos muchas cosas, entre otras a relajarnos, disfrutar de la vida y respirar profundamente... pero son solo uno de los muchos animales de los que podemos aprender.

Incluso las criaturas más pequeñas y corrientes pueden ser sabios maestros. Por ejemplo, tendemos a ver los ratones y otros roedores como una plaga, pero como sucede con el resto de los animales, debemos tener en cuenta la «naturaleza del animal» en su *totalidad*. Los ratones, pequeños y abundantes, son sobrevivientes natos: pueden introducirse en lugares muy pequeños y desplazarse bajo tierra, almacenan comida y tienen de tres a cuatro camadas al año para incrementar las posibilidades de persistir como especie. Además, en algunas culturas africanas se ve a los ratones como portadores de mensajes para el Mundo Inferior, lo que hace que tengan una poderosa conexión con nuestros ancestros.

De hecho, desde la noche de los tiempos, la humanidad ha expresado su veneración por el mundo natural usando animales como tótems y símbolos de los ideales más puros. La fauna terrestre se ha utilizado para expresar la fuerza de los soberanos (el león), la pureza de Dios (el cordero) y los principios sagrados del universo (la serpiente y el águila). Los toltecas y otras sociedades mesoamericanas adoraban a la serpiente alada Quetzalcoatl, un dios que era dueño de los vientos y del cielo y protector de su pueblo. En la mitología griega, en el cuero cabelludo de la Medusa se retorcían serpientes vivas, símbolo de su sabiduría femenina soberana (aunque se decía que bastaba con mirarlas para convertirse en piedra), mientras que el héroe Hércules se muestra a menudo vistiendo una piel de león, que le daba la inteligencia y la fuerza de esta criatura y el dominio sobre el mundo animal.

Los episodios de la Biblia también están llenos de referencias a animales: al rey Salomón se le conoce como el «león de Judea» y Jesús es llamado el «cordero de Dios». En la religión hindú las vacas se consideran sagradas y hay dioses animales como Hanuman, el dios mono, y Ganesh, el dios elefante. El Zodiaco también tiene muchos animales como símbolos, así como el calendario chino.

La identificación cultural con los animales es tan fuerte que civilizaciones enteras los han tomado como símbolos.

Por ejemplo, el poderoso león, símbolo del valor, ha representado a Inglaterra durante mucho tiempo, y la industriosa abeja, un símbolo de la inmortalidad y la resurrección, fue elegida como emblema tanto por Carlomagno como por Napoleón para representar a Francia.

Quizá el símbolo animal más omnipresente de todos sea el águila, que numerosas culturas antiguas y modernas de todo el mundo han adoptado. Esta magnífica se ha asociado con griegos, egipcios, sumerios, hititas y romanos, que la utilizaron como emblema para sus formidables imperios. El águila calva también fue elegida para representar el poder y la libertad de Estados Unidos.

El arquetipo animal en el mundo occidental

Mientras que en nuestra cultura occidental nos comportamos como si la naturaleza entera nos perteneciera y pudiéramos dominarla a voluntad (después de todo, en el Antiguo Testamento se dice que a los hombres *les fueron dadas* todas las criaturas de la Tierra), la mayor parte de las culturas indígenas sigue viviendo en armonía con los animales. Los laika, como todos los pueblos autóctonos americanos, se ven a sí mismos como cuidadores de la vida en todas sus manifestaciones, y se esfuerzan por vivir en armonía con la naturaleza y comunicarse directamente con ella. Los pueblos nativos americanos tienen numerosas danzas animales tradicionales (como la de la serpiente, el águila y el ciervo) en las que los participantes visten pieles de esos animales para encarnar sus espíritus, con objeto de poder moverse más fácilmente en el mundo durante la caza o durante los viajes. Al invocar al espíritu de ese animal, encarnan su esencia, y con frecuencia se cubren con su pelaje o sus plumas para imbuirse del poder de sus atributos.

Por ejemplo, cuando un indio osage se colocaba encima una cabeza de búfalo e interpretaba una danza, estaba pidiendo permiso para tomar la vida de un búfalo con la esperanza de que esta se renovaría al año siguiente. Los osage no querían exterminar al búfalo, lo honraban y respetaban sus extraordinarios poderes. Entendían que tenían las mismas posibilidades de morir aplastados por estas magníficas bestias que de culminar con éxito su cacería.

Como los osage vivían respetando la naturaleza, formando parte de su carácter cíclico y comprendiendo su lugar en ella, únicamente tomaban de ella lo que necesitaban para alimentarse, y a cambio sus recursos se renovaban una y otra vez. No podía haber nada más opuesto que la actitud del hombre blanco que comenzó a llegar al oeste americano en los siglos XVIII y XIX: los blancos cazaban búfalos con ánimo de lucro o sencillamente como deporte, y esto provocó la matanza de millones de animales, dando lugar a la desaparición de las grandes manadas y acelerando el fin del modo de vida natural de numerosas tribus indígenas.

Actualmente, en nuestra cultura orientada al comercio, la imaginería animal se suele usar en la publicidad o como logotipo de negocios porque intuitivamente respondemos al significado de los atributos de cada animal. Sabemos lo que nos indica el jaguar cuando se trata de un coche deportivo: será elegante, rápido y elitista, exactamente como el animal, que es uno de los más veloces y reverenciados de la selva. El camión más vendido de la marca Dodge se llama Ram* porque, lo mismo que ese animal, se adhiere bien al terreno rocoso.

Sin embargo, aparte de las imágenes arquetípicas usadas para la publicidad, la mayoría hemos perdido la sensación de conexión con los animales, a excepción de los más domesticados. Nuestro contacto con animales salvajes se reduce a verlos por televisión u observarlos enjaulados en el zoo. Por eso, en este capítulo, viajaremos al Mundo Inferior para recobrar un poder que representa los aspectos instintivos del alma en su estado natural no contaminado.

Los cuatro espíritus animales de los laika

Como muchos indios americanos, los laika están tan estrechamente ligados al mundo animal que a menudo toman a un animal como homónimo. Al hacerlo están buscando asociarse con sus energías y encarnar sus poderes. Para los laika hay cuatro animales arquetípicos que son especialmente importantes: la serpiente, el jaguar, el águila (o cóndor) y el colibrí (puede que recuerdes que en nuestra oración para crear el espacio sagrado invocamos a estos cuatro espíritus animales que representan los cuatro principios fundamentales de la vida).

Examinemos en profundidad cada arquetipo.

1. La serpiente

La serpiente simboliza el conocimiento, la sexualidad y el poder curativo de la naturaleza. Es un arquetipo universal:

---

* N. del T.: carnero.

cuando Moisés guió a los israelitas por el desierto, llevaba un bastón en forma de serpiente que simbolizaba la sabiduría; en el Jardín del Edén una serpiente tentó a Eva para que comiera del fruto prohibido del Árbol del Conocimiento; en Oriente, la serpiente simboliza la sabia energía *kundalini*, que yace enroscada en la base de la columna y se canaliza a través de los chakras, y el símbolo *caduceus* de los médicos, que data de la antigua Grecia, muestra a dos serpientes entrelazadas alrededor de una vara. La serpiente, asociada con la sabiduría y la curación, representa la fuerza vital esencial que busca la unión y la creación.

Las serpientes también son símbolos de fertilidad. En la naturaleza, la fecundidad es el principio creativo asociado con lo femenino —después de todo, cada célula del cuerpo busca dividirse y procrear—. Cuando activamos las energías del arquetipo de la serpiente, invocamos el principio creativo femenino que puede volver a encender nuestra pasión y ayudarnos a desprendernos del pasado como una serpiente se desprende de su piel.

2. El jaguar

El jaguar es el rey del Amazonas y el animal más importante para el chamán de la selva porque representa el poder de transformación. Tiene tal importancia que el antropólogo Peter Furst escribe: «Los chamanes y los jaguares no son solo equivalentes, sino que el uno es lo mismo que el otro». Esto no debería ser una sorpresa: en el folclore de los pueblos tropicales, los jaguares aparecen como cuidadores de la selva porque están a la cabeza de la cadena alimenticia y no tienen ningún depredador aparte del hombre.

Al acabar con los animales más débiles del bosque, el jaguar ayuda a eliminar lo que debe morir con objeto de que nazca lo nuevo. Así, esta criatura nos enseña que las crisis se convierten en una época de oportunidades, y que la muerte es una llamada al renacimiento. En la selva, la supervivencia implica una renovación constante, y el jaguar es una fuerza de cambio, de vida y muerte. Los laika entienden que los estados estables y fijos son solo temporales, porque todo en el universo está continuamente muriendo y renaciendo. Reconocen que el caos y el orden (o la expansión y la contracción) representan el ciclo natural de la vida.

La energía del jaguar puede renovar a un individuo, una organización o una aldea. A veces, en respuesta a la naturaleza cíclica del orden y el caos, hay que abandonar un lugar para que sus miembros puedan progresar en otro, de hecho, a lo largo y ancho del continente americano, las pruebas arqueológicas muestran que los asentamientos mayas e incas fueron abandonados aparentemente sin ninguna razón. El abandono de estas ciudades es un reflejo del ciclo de vida y muerte representado por el jaguar.

Los jaguares tenían tanto poder para los pueblos de la antigüedad que civilizaciones enteras se identificaron con ellos. Los olmecas, que florecieron hace tres mil años en el centro de México, fueron la primera civilización avanzada de América. Conocidos como el «pueblo jaguar» (y sus chamanes eran los «sacerdotes jaguar»), casi la mitad de sus grabados y estatuas son representaciones antropomórficas de humanos y felinos; muchos son adultos y niños con cabezas de jaguar. Y los mayoruna, una tribu indígena de la selva tropical del Amazonas, se llaman a sí mismos «el pueblo jaguar»:

tatúan sus rostros para parecer gatos e incluso se insertan pelos de jabalí en incisiones practicadas a ambos lados de la nariz para asemejarse a los grandes felinos.

En su libro *Los misterios del Amazonas*, Petru Popescu cuenta la historia de Loren McIntyre, fotógrafo de *National Geographic* y explorador (famoso por descubrir la fuente del Amazonas en los Andes peruanos en 1971), que vivió muchos meses entre los mayoruna durante los años sesenta. McIntyre afirmaba que, al parecer, además de su lengua nativa, los mayoruna habían desarrollado la capacidad de comunicar sus pensamientos telepáticamente, lanzando mensajes sin que mediaran palabras a las mentes de los miembros de su tribu.

La capacidad de comunicarse sin palabras es uno de los atributos legendarios de los chamanes jaguar. En mis primeros viajes al Amazonas, mi mentor, un viejo laika, me pidió que pasara una noche en un claro de la selva para buscar una visión. Me dijo que iba a llamar a los jaguares para que vinieran a visitarme y me advirtió que no me durmiera.

Antes de comenzar la búsqueda de la visión, justo cuando anochecía, me invitó a beber ayahuasca, un brebaje de efectos alucinógenos que se toma en la selva. Rechacé educadamente la bebida de aspecto repugnante que me ofrecía —ya me producía bastante miedo y ansiedad pasar la noche solo en la selva en mi estado normal de consciencia—. No pasó nada fuera de lo normal hasta que me quedé dormido; cuando desperté ya no era yo mismo ¡de repente estaba en el cuerpo de un gran felino! Encarnar el jaguar fue una experiencia que no olvidaré mientras viva.

3. El águila

El águila es un espíritu animal poderoso que simboliza anticipación, claridad y visión. El chamán entiende que la energía del águila nos ayuda a percibir el panorama global de la vida sin perdernos en sus miles de detalles minúsculos. La energía del águila puede servirnos para hallar una visión orientadora de nuestra vida al mirar en el pasado y en el futuro, para ayudarnos a entender de dónde venimos y en qué nos estamos convirtiendo.

El águila nos da alas para alcanzar las alturas y elevarnos muy por encima de nuestros insignificantes problemas cotidianos. La visión de esta magnífica ave es increíble: con seis veces más agudeza visual que los seres humanos, puede distinguir un ratón entre unos matorrales desde cuatrocientos sesenta metros de altura. Puede tener un panorama general y lanzarse sin titubeos a por su presa con una precisión sorprendente.

Asimismo, el águila representa el principio de autotrascendencia de la naturaleza (como tal se la suele asociar con el Mundo Superior en lugar de con el Mundo Inferior). Los biólogos han identificado este principio como uno de los fines prioritarios de la naturaleza. Guía la mano de la evolución, es decir, las moléculas vivas se unen para convertirse en células, que forman tejidos, luego órganos y finalmente un conjunto de órganos y tejidos para transformarse en seres complejos como las ballenas y los humanos. Cada salto trascendente incluye todos los niveles anteriores: las células incluyen las moléculas, pero las trascienden; los órganos incluyen las células aunque van más allá de ellas, y los guacamayos escarlata incluyen órganos, pero no puedes explicar lo que es un guacamayo describiendo sus órganos porque el todo trasciende a la suma de sus partes. Los problemas de las células los resuelven mejor los órganos, mientras que para cubrir las necesidades de estos es mejor un organismo como una mariposa o un ser humano que pueda proporcionarle alimento y seguridad de manera más eficaz.

El mismo principio opera en nuestra vida diaria. El águila nos muestra que no podemos satisfacer nuestras necesidades emocionales con cosas materiales y que hay una solución espiritual para cada problema. En las alas del águila nos elevamos por encima de la lucha de cada día, ganamos perspectiva y vemos las cosas como de verdad son.

4. El colibrí

El colibrí, minúsculo, valiente y lleno de energía, nos enseña cómo embarcarnos en una aventura épica de evolución y crecimiento. Esta es la aventura más noble que puede emprender una persona: el viaje en pos de su propia alma. Cada año, cierta especie de colibrí realiza un viaje asombroso que lo lleva a emigrar desde Brasil hasta Canadá cruzando el mar Caribe. A primera vista estas pequeñas criaturas no parece dotadas para resistir un vuelo tan largo (no tienen las poderosas alas de las águilas y sus pequeños cuerpos no pueden almacenar mucho alimento); sin embargo, responden a esa llamada anual para emprender ese increíble viaje.

Cuando nos tocan las energías de este arquetipo, nos vemos impulsados a emprender nuestro propio viaje épico que nos llevará de vuelta a nuestra fuente, donde surgió nuestra alma. Si no tenemos suficiente tiempo, dinero o conocimiento para realizar este viaje, la energía del colibrí nos proporcionará el valor, la fuerza y la orientación que necesitamos para llevarlo a cabo.

Cuando no seguimos nuestra llamada, empezamos a morir, porque como seres vivos sentimos continuamente el impulso de explorar y descubrir. Cuando preferimos la comodidad a la aventura del descubrimiento (o cuando despreciamos el anhelo de crecimiento de nuestra alma posponiendo esa aventura vital hasta que tengamos el suficiente tiempo o dinero), empezamos a languidecer. Sin embargo, cuando seguimos el ejemplo del colibrí y reavivamos nuestro instinto natural de aprender y explorar, nuestras vidas florecen, convirtiéndose en una aventura épica.

LO QUE ME ENSEÑÓ EL LOBO

Lo bueno de la recuperación del alma es que el Espíritu te proporcionará el animal de poder que necesites sin que tengas que averiguar cuál es, ya que no se trata de un proceso racional. Solo tienes que trabajar con lo que se te da y explorar los atributos del animal cuando te revele su sabiduría. Invocarás un animal de poder, y este surgirá y te seguirá... Luego dependerá de ti descubrir cómo vas a trabajar con él.

Por ejemplo, cuando nació mi hijo, encontré al lobo como animal de poder. Apareció de manera inesperada y se quedó muy cerca de mí. Me explicó que iba a enseñarme a ser profundamente leal a mi familia, como lo era él a su manada, y sin embargo ser capaz al mismo tiempo de vagar libremente a sus anchas. Me dijo que sus cualidades eran el compromiso y la dedicación sin renunciar a la individualidad, que eran las lecciones que tenía que aprender porque había pasado gran parte de mi vida adulta explorando los

Andes y el Amazonas. El lobo me enseñó lealtad e independencia. Gracias a él aprendí a formar parte de una familia sin sentirme limitado y a saber que lo mejor que podía hacer por ella era seguir manteniendo mi identidad y mi objetivo en la vida.

Ahora bien, aunque los animales de poder simbolizan los atributos que necesitamos adquirir para volver a estar completos, también tienen fallos. La hembra del jaguar, por ejemplo, se dedica por completo a sus crías y es extraordinariamente protectora; en cambio, el macho está con ella solo dos semanas al año, mientras que el resto del tiempo se dedica a marcar el territorio a unas cuantas decenas de kilómetros de distancia. De manera que si te has vuelto demasiado hogareño y «domesticado», o si quieres volver a recuperar tu naturaleza exploradora, podrías trabajar con la energía del jaguar macho; sin embargo, si lo que echas en falta es un padre protector o quieres sentirte más seguro en el mundo, podrías necesitar a la hembra. Tan solo asegúrate de tener presentes las fortalezas y debilidades de tu animal de poder cuando vayas a trabajar con él.

El buey de Patty

A los pocos meses de su boda, una joven paciente llamada Patty volvió de un peregrinaje con un buey como animal de poder. Era escritora y trabajaba en el despacho que tenía en la casa que ahora compartía con su nuevo marido. Lo que viene a continuación es su relato de lo que sucedió:

Estaba muy entusiasmada con mi matrimonio, pero también sentía como una carga por el cambio que se había producido en mi vida. Me resultaba molesto tener que tratar a diario las tareas domésticas y con cuestiones de dinero; no tenía muy claro lo que significaba estar casada, hasta qué punto se haría cargo de mí mi nuevo marido ni cuánta independencia podría conservar; y tampoco sabía cómo cuidar a mi marido y al mismo tiempo librarme de las expectativas de ser «Patty, la buena ama de casa». Sin embargo, en lugar de comentar estos asuntos con mi marido, trataba de hacerlo todo yo sola, lo que me llevaba a sentirme resentida y exhausta.

Al encontrar mi animal de poder, me asombró la criatura grande y pesada que había venido a mí, pero cuando empecé a hablar con el buey, me contó que era mi compañero. Me dijo que estaba ahí para trabajar conmigo y compartir mi carga. Estaba acostumbrado a ser uncido al mismo yugo con otro buey, tirando los dos del arado como un equipo durante toda su vida. Ambos animales, trabajan juntos, tirando cada uno de bastante más que su propio peso, pero al mismo tiempo arrastrando solo la mitad de la carga. Cuando la alianza funciona, no hay prácticamente nada que un par de bueyes no puedan conseguir juntos.

Me hizo ver que como el buey es tan poderoso, es fácil ignorar su lado vulnerable. Todos conocemos la expresión «fuerte como un buey», pero este animal puede reventar por exceso de trabajo, lo mismo que tú puedes destruir una relación cuando una parte está esforzándose para contentar a la otra a expensas de sus propias necesidades y deseos. Y un buey puede ser muy inflexible y negarse a trabajar con una pareja que no le guste o si le hacen cambiar su modo de proceder. El peligro está en ser «tan terco como un buey» y negarse a cooperar o a solucionar las diferencias. Y no hay nada como un buey que solo quiere hacer las cosas a su manera, ¡especialmente cuando está uncido a otro animal!

El buey tenía mucho que enseñarle a Patty sobre cómo crear una alianza enriquecedora, un compromiso duradero e igualdad. Debía aprender a caminar a la par con su marido, distribuyendo la carga entre ambos de manera igualitaria. Como bestia de carga, el buey necesita que lo cuiden y que le proporcionen alimento, agua y descanso; del mismo modo, Patty tenía que aprender a comunicar sus necesidades para no sentirse luego explotada y resentida.

Necesitaba cargar con su *propio* peso, sin esperar inconscientemente que su pareja hiciese el trabajo que le correspondía a ella.

Patty empezó a ver oportunidades gracias al buey como animal de poder y lo que le enseñó sobre la colaboración, la determinación y el esfuerzo, pero asimismo aprendió a aprovechar su energía terrena y persistente. Tenía que aprender a guiar suavemente su nueva vida con objeto de extraer su máximo potencial. Las necesidades del buey son básicas, fundamentales y esenciales.

EMPLEA TUS INSTINTOS ANIMALES

Encontrar tu animal de poder es el elemento final de tu viaje al Mundo Inferior. Al final del viaje, invocarás a un poder animal para que te acompañe. Muy a menudo, se tratará de un poder que no habías previsto, quizá algo tan sencillo como una oruga o una golondrina, o tan poco corriente como un cocodrilo. Sea cual sea el animal, acéptalo, llévalo contigo e integra sus dones. Aprende a moverte en el mundo con su energía.

A veces encontrarás un animal de poder por el que sientes rechazo, quizá una serpiente. Recuerda que representa una parte instintiva de ti mismo de la que te has desconectado, una parte que incluso encuentras repulsiva. A mucha gente no le gustan las serpientes, pero la serpiente es un animal que puede enseñarte a moverte de manera sinuosa por la vida y a sentir tu entorno con todo tu ser. Debes aceptar el poder animal que viene a ti, a menos que sea un insecto (ya que los insectos están asociados con el Mundo Inferior, es mejor no sacarlos de su hábitat espiritual natural). *Trabajar con un animal de poder es un proceso instintivo que tiene que ver con la persona en la que te estás convirtiendo, no con quien crees que te gustaría ser.*

Recuperar un animal de poder te conectará con tu estado natural puro; de otro modo, es fácil convertir el peregrinaje en un proceso excesivamente intelectual. Tu animal te enraizará con tu yo instintivo y podrás manifestar sus enseñanzas comunicándote con él y aprendiendo sus ritmos, sus movimientos y su manera de percibir el mundo. Por ejemplo, si descubrieras que tu animal de poder es el lince, podrías estirarte por las mañanas al despertar como hacen los gatos, encontrar en ti la elegancia con la que se mueven los felinos, imaginar cómo sería ver la vida con sus ojos y percibir el mundo a través de sus sentidos.

Los actos físicos también pueden ayudarte a encarnar la esencia de tu animal de poder. Por ejemplo, cuando le des la mano a alguien, hazlo con la energía con la que lo haría un jaguar, comunicando fuerza y serenidad al tocar al otro; o mira el mundo de la manera en que lo haría un ratón, poco a poco, detalle a detalle. Al encarnar a tu animal de poder, aprenderás a confiar más en tus instintos y a dejarte guiar por ellos más que por tu mente racional (el instinto de tu animal también protegerá la parte del alma que ha regresado a ti).

EJERCICIO: PEREGRINAJE PARA ENCONTRAR TU ANIMAL DE PODER

Prepárate para este viaje abriendo un espacio sagrado. Siéntate cómodamente, fija la mirada frente a ti (o cierra los ojos) y pon las manos junto al corazón en la posición de oración. Expresa tu intención de entrar en contacto con tu animal de poder en este viaje. Abre un espacio sagrado. Realiza el ejercicio de la pequeña muerte y viaja hasta tu jardín del Mundo Inferior. Cuando saludes al guardián, declárale tu intención de encontrar a tu animal de poder.

Siéntate en una piedra en el huerto de tu jardín y siente cómo el espíritu animal se te acerca por detrás. Siente cómo se te eriza el vello del cogote y cómo la mirada del animal se centra en ti a medida que se acerca. Escucha su respiración detrás de ti. Ahora vuélvete y en tu imaginación abre los ojos y mira a los del animal de poder. Extiende la mano y toca su pico, su pelo, sus cuernos, sus escamas o sus aletas.

Míralo a los ojos y pregúntale: «¿Qué dones me traes?», «¿Cuál es tu magia?», «¿Cuáles son tus atributos?», «¿Cuáles son tus fortalezas?», «¿Cuáles son tus debilidades?», «¿Cómo me ayudarás a sanar?», «¿Cuánto tiempo llevas siguiéndome?», «¿Cómo puedo cuidarte y alimentarte?» y «¿Por qué tú y no otro animal de poder?». Continúa este diálogo durante todo el tiempo que necesites.

Cuando estés listo, invita a tu animal de poder a regresar a ti. Despídete del guardián, el Señor de la Vida y la Muerte. Sumérgete en las aguas, llamando a tu espíritu animal para que regrese contigo. Estírate bien, frótate las manos y la cara y abre los ojos (regresa a la habitación y a tu cuerpo).

Ahora extiende las manos y siente la energía de tu animal de poder, y cuando lo hagas, llévala hacia ti. Dirígela al chakra al que te sientas guiado. Siente cómo se insufla esa energía en cada una de las células de tu cuerpo. Empieza a mover los hombros, las manos y la cabeza como los movería ese animal. Siente cómo se funde con tu cuerpo. Cierra el espacio sagrado.

EJERCICIO: UN DIÁLOGO CON TU ANIMAL DE PODER

Este ejercicio te llevará a encontrar los dones únicos de tu animal de poder y a descubrir su voz. Recuerda que esta criatura suele simbolizar una parte de ti que rechazas, la sombra de tu yo. Puede representar esas partes de ti con las que no te sientes cómodo, y no es raro que alguien a quien no le gustan los reptiles reciba una cobra o una serpiente de cascabel como espíritu animal.

Una vez que empieces el diálogo con tu animal de poder, tal vez notarás que empieza a aparecer en tus sueños y meditaciones. Este ejercicio te permitirá descubrir sus secretos.

Al igual que antes, comienza por abrir un espacio sagrado y luego traza una línea vertical en el centro de una página en blanco de tu diario. En un lado escribe las preguntas; en el otro, la voz de tu animal de poder responderá. Empieza haciendo preguntas sencillas, pero permite el tiempo suficiente para que surja un diálogo completo.

Lo siguiente es un ejemplo del diálogo de Patty con su animal de poder:

PATTY: ¿Quién eres?

BUEY: Tu compañero. Estoy aquí para compartir tu carga. Tenemos que caminar al mismo paso porque estamos unidos en un mismo yugo. No puedes adelantarte ni yo adelantarme a ti. Cada día, estaremos uncidos al mismo yugo y avanzaremos juntos; permaneceremos uno al lado del otro para movernos en armonía durante muchos años.

PATTY: ¿Qué haremos juntos?

BUEY: Trabajaremos. Somos animales de carga, pero proporcionamos el sustento de la vida. Aramos la tierra, movemos la piedra del molino, elaboramos azúcar de caña. Juntos, paso a paso, hacemos un gran trabajo.

PATTY: ¿Cómo puedo cuidarte?

BUEY: Trátame como a un igual, aliméntame adecuadamente y proporcióname agua y descanso. Estaremos siempre juntos, cada día. Paso a paso, completaremos el trabajo.

PATTY: ¿Por qué has venido a mí?

BUEY: Porque necesitas ayuda. No puedes realizar todos tus proyectos sola. Es mejor que tengas a alguien junto a ti que te anime cuando te falten las fuerzas. Necesitas una pareja que camine a tu lado. Yo soy esa pareja.

Cuando hayas terminado, cierra el espacio sagrado.

EJERCICIO: ENCARNAR TU PODER ANIMAL

Ahora que has explorado tu poder animal, aprenderás a encarnar algunas de sus cualidades. Esta debería ser una práctica consciente durante el día. Podrías levantarte y estirarte de la manera en que tu animal lo hace por las mañanas o extender el brazo para alcanzar una taza de café o de té del modo en que él extiende los suyos para alcanzar las cosas. O podrías escanear la escena que tienes delante de ti con la visión de un águila, incluyéndolo todo.

Usa los sentidos de tu animal de poder, conviértete en él, convive con él y comparte su identidad de manera que ya no *TENGAS* un animal de poder sino que *SEAS* ese animal de poder.

En el capítulo siguiente empezaremos el viaje hacia nuestro destino, pero antes de hacerlo, sería conveniente repasar las lecciones aprendidas en el viaje para recuperar el alma. Vuelve a leer tus ejercicios escritos de la segunda parte de esta obra. Tómate el tiempo que necesites para asimilar esas enseñanzas.

TERCERA PARTE

EL MUNDO SUPERIOR

CAPÍTULO NUEVE

EXPLORAR EL DESTINO:
AMOR, PODER, DINERO Y SALUD

❈

Para los treinta años ya había tenido varias relaciones sentimentales importantes. Luego, una mañana al despertar descubrí que en realidad había vivido una sola relación una y otra vez... Si no la aprendes, terminas por ligarte a ella.

DEL DIARIO DE ALBERTO

El psiquiatra austriaco Viktor Frankl desarrolló las ideas de su famoso libro, *El hombre en busca de sentido*, a lo largo de los tres años que estuvo prisionero en campos de concentración nazis durante la II Guerra Mundial. Mientras vivía la pesadilla de su reclusión, experimentó un crecimiento interior que le permitió entender que el anhelo más hondo del ser humano es descubrir el significado y el propósito de la vida; ¿cómo si no, se preguntaba, podría uno sobrevivir a tamaños horrores? «A un hombre se le puede arrebatar todo —escribió Frankl—, salvo una cosa: la última de las libertades humanas, elegir su actitud personal ante unas circunstancias determinadas, decidir su propio camino».[1]

Mientras que muchos de los que sobrevivieron a los campos de concentración sufrieron estrés postraumático y sus vidas emocionales quedaron destrozadas, Frankl siguió adelante y llegó a ser doctor, filósofo y autor de treinta y dos libros. Recibió hasta veintinueve títulos universitarios honorarios antes de morir, en 1997, además de la medalla Albert Schweitzer. ¿Cómo logró todo esto? ¿Nació con esa grandeza excepcional o era solo un hombre normal y corriente que encontró un destino extraordinario al seguir su vocación?

Nuestros mitos más antiguos aseguran que llegamos a este mundo con una vocación en nuestras almas. Carl Jung creía que cuando no atendemos a esa llamada (y no se trata aquí de una llamada a encontrar la grandeza sino a descubrir el sentido de las cosas), malgastamos la vida. La grandeza de Frankl fue su capacidad de expresar la necesidad humana de encontrarle un sentido a la existencia, una necesidad que trasciende las condiciones externas de la vida. Cuando aceptó su destino, la suerte no pudo derrotarle por muy extremas que fueran las circunstancias. Del mismo modo, cuando *nosotros* le decimos sí a nuestro destino, somos capaces de trascender el sufrimiento y triunfar cuando las posibilidades de lograrlo parecen inexistentes.

Para tener sentido, nuestro destino no tiene por qué ser grande ni contar con el reconocimiento público, como en el caso de Frankl, pero sí debe estar imbuido de significado y propósito. Esto es enteramente independiente de si adquirimos posesiones materiales, nos casamos, creamos una familia o nos volvemos famosos. Podemos encontrar la felicidad con los bolsillos vacíos y en soledad, lo mismo que podemos encontrar dolor y sufrimiento con todas las comodidades y la mejor pareja del mundo.

EL DESTINO Y EL FUTURO

Nuestro destino no es lo mismo que nuestro futuro: mientras que este último es lo que ocurrirá más tarde, el destino se encuentra en este mismo instante y siempre podemos acceder a él. El destino es decirle sí a la vocación con la que hemos nacido, mientras que la suerte es lo que sucede cuando luchamos contra esa vocación o la ignoramos. Esta es una idea muy antigua que va a contracorriente de la psicología y la biología modernas, ciencias que definen nuestro destino por medio de nuestros perfiles psicológicos y genéticos. Sin embargo, cuanto más nos identificamos con lo que nuestros padres hicieron o dejaron de hacer, con la programación de nuestros cromosomas o con lo que poseemos o vestimos, más pertenece nuestra historia a nuestros ancestros y a los demás. Arruinamos nuestra vida al explicarla con una lista de causas sobre las que no tenemos ningún control.

Por supuesto, todo el mundo tendrá un futuro (después de todo, esa es la función de la marcha del tiempo), pero solo algunos tendrán un destino, porque emplearon las herramientas sagradas de las que disponían para crearlo. Platón creía que como nuestra suerte ya está echada antes de que nazcamos, solo la intervención de los dioses puede cambiarla. Pero yo estoy convencido de que la suerte puede transformarse en destino cuando descubrimos el sentido oculto de nuestras vidas..., algo que podemos conseguir con el peregrinaje.

Podemos elegir un personaje y una vocación antes de nacer; estos son innatos a nuestro propio ser y no pueden explicarse mediante teorías psicológicas. En ocasiones reconocemos estas cualidades en nuestros hijos más fácilmente que en nosotros: nos preguntamos de dónde vienen su testarudez, su determinación o su despiste (¡está claro que de nosotros no!) pero también nos intimida esta falta de normalidad. Ciertamente, aplaudimos las aptitudes atléticas o el talento musical excepcionales, pero nos dan miedo otras características extraordinarias como por ejemplo tener una gran necesidad de movimiento y novedad, lo que hace que les resulte difícil permanecer sentados en clase y los impulsa a inventar historias fantásticas.

En la sociedad actual, proclive a la medicación, muchos de estos niños terminan siendo tratados con Ritalin, Prozac y otros fármacos que habrían matado la creatividad de muchos de los genios del pasado. Tenemos que preguntarnos: ¿de verdad todo esto son trastornos médicos o muchos de ellos podrían ser sencillamente expresiones de una vocación? Por ejemplo, el trastorno de déficit de atención e hiperactividad podría ser útil si vives en el desierto o en la selva y tienes que realizar varias tareas a la vez; es decir, podrías prestar atención para oír a los leones mientras cocinas y cuidas a los niños.

⚓ ⚓ ⚓

Cuando vivimos en el futuro, deseando que llegue ese día en el que esperamos que las cosas serán mejor, estamos atados al tiempo, que «se arrastra con paso mezquino día tras día», como dijo Shakespeare.[*] Pero, en realidad, vivir en el

---

[*] N. del T.: *Macbeth*.

futuro no es diferente de vivir en el pasado: en ambos estamos en las garras de la suerte reviviendo constantemente el dolor que hemos sufrido o anhelando algo o a alguien diferente de lo que tenemos ahora. Experimentamos y volvemos a experimentar continuamente nuestras historias del pasado sin cambiar sus resultados.

Podemos salir de este círculo durante el proceso de recuperación del alma y sanar nuestro pasado, pero eso no basta para crear nuestro destino. Podemos liberarnos de la fatalidad y aun así seguir apartados de la misión a la que hemos venido a esta vida, o bien abandonar una mala relación pero seguir sin encontrar todavía a nuestra alma gemela. En otras palabras, sanar nuestro pasado significa únicamente que dejamos de revivir viejas heridas.

Ahora bien, sanar viejas heridas no es algo insignificante: si seguimos arrastrándolas, terminaremos empañando nuestro mañana con su dolor y su miedo. En psicología este mecanismo se conoce como *proyección*, y es uno de los peligros del proceso terapéutico. Un psicólogo que se siente herido puede proyectar sus propios problemas en un paciente. Por ejemplo, un terapeuta que estaba atravesando un conflicto muy doloroso con un hermano por una herencia me dijo una vez:

—Alberto, todos mis pacientes discuten por el dinero.

Esto me sonó muy extraño, porque entre mis pacientes hay una gran variedad de problemas. Estaba claro que este hombre atraía inconscientemente a pacientes que estaban pasando por las mismas dificultades que él y que proyectaba su sombra en ellos tratando de sanarse a sí mismo.

Del mismo modo, nosotros proyectamos nuestras heridas sin sanar en los demás; esto ocurre especialmente cuando hacemos un peregrinaje en busca de nuestro destino sin habernos sanado antes. Volvemos a perjudicarnos a nosotros mismos y a nuestro destino al proyectar nuestras heridas en el futuro, en lugar de experimentar la vida como una serie de experiencias nuevas que van desarrollándose. Si no sanamos, nos pasaremos la vida reinventando continuamente nuevas versiones de la misma pareja, el mismo trabajo y la misma oportunidad; reduciremos veinte años de experiencia a la experiencia de un solo año repetida veinte veces.

Sencillamente no podemos dar un salto hacia delante sin sanar nuestros cimientos. Por ejemplo, cuando empezaste a leer este libro, habría sido interesante abrirlo directamente por el final y decir: «La verdad es que no quiero explorar mi pasado. Lo hecho, hecho está. Vamos a olvidarnos de recuperar el alma y a ocuparnos del asunto del destino». Pero el viaje de recuperación del alma es una preparación esencial porque trasplanta la bellota de nuestro potencial de un suelo pedregoso a una tierra fértil.

Cuando rastreamos el destino, germinamos la bellota del gran árbol que hay en nuestro interior. Sanamos el pasado con objeto de viajar al Mundo Superior libres de traumas que nos impidan desarrollar todo nuestro potencial y sin el riesgo de perjudicar nuestro futuro.

Sin rastro, sin sombra, sin ego

Los laika nos dicen: «Cuando podemos caminar por la nieve sin dejar rastro, cuando no arrojamos sombra, no alteramos las ondas del tiempo». Caminar por la nieve sin dejar rastro significa que avanzamos tan ligeros que no dejamos huellas de nuestro paso, mientras que no arrojar sombra indica que no proyectamos nuestro ser herido en los demás, que no nos gusta ni nos deja de gustar alguien porque nos recuerde a nuestra madre o a nuestra pareja. Brillamos como un sol que no produce sombras.

Así es como debemos peregrinar para encontrar nuestro destino, porque si alteramos las ondas del tiempo, inmediatamente se producirá una reacción violenta. Los griegos habrían dicho que «enfadamos a las moiras»* mientras que los hindús dirían que «caemos en el karma». De manera que cuando peregrinamos a nuestro destino, no podemos dejar rastros ni interponer nuestra voluntad. Con objeto de caminar con ligereza debemos disolver el yo, liberarnos de los caprichos del ego. Debemos desprendernos de nuestro «yo» y ser uno con el Espíritu.

✳ ✳ ✳

Una vez salí con mi mentor inca a caminar por el Altiplano, una región árida y elevada de los Andes. Llegamos a una aldea en la que llevaba muchos meses sin llover y la reserva de agua se estaba agotando. Como este hombre era un laika renombrado, los aldeanos le suplicaron que llamara a la lluvia. Mi mentor se encerró en una choza, en la que rezó, ayunó y meditó durante cuatro días. Cuando salió, le pregunté:

—¿Qué vas a hacer?

---

* N. del T.: diosas del destino que controlan las vidas humanas.

Él me contestó:

—Voy a rezar lluvia.

Como no le entendía y pensaba que se trataba de un problema de lenguaje, le pregunté:

—¿Quieres decir que vas a rezar *por* lluvia?

—No –contestó-. Voy a *rezar* lluvia.

Se dirigió hasta el borde la montaña, donde un acantilado bajaba casi mil metros hasta el río de aguas blancas que corría por el valle, y comenzó a meditar. Cuando regresó, cuatro horas más tarde, había grandes nubes negras en el cielo; luego, empezó a llover.

En la aldea todo el mundo estaba eufórico, porque la lluvia era su salvación. Venían corriendo hasta él y gritando:

—¡Gracias! ¡Tú llamaste a la lluvia!

Él contestaba:

—No, *llovió*.

Finalmente entendí lo que el anciano quería decir: se había eliminado de la ecuación. Rezó y llovió, pero no había rezado *por* la lluvia. No había nadie a quien rezar para crear la lluvia; no había «otro». Se había vuelto uno con el Espíritu. Solo existía el Espíritu rezando, y llovió.

Esto es lo que hacemos: rezamos sanación y cuando la sanación se produce, estamos tan sorprendidos como el que más, porque la voluntad del Espíritu es la que ha intervenido, no la nuestra. Cuando nos salimos de la ecuación, cuando ya no estamos «haciendo» nada ni deseando un resultado, solo estamos representando al Espíritu. Y es en este estado sin ego en el que podemos rastrear nuestro destino personal.

Tenemos que desprendernos de nuestro ego, que está aferrado a un resultado determinado.

No podemos depender de si llueve o no, de si algo se sana o no, de si algo será diferente a como es ahora. Solo tenemos que ser uno con el Espíritu y dejarle que llueva. Una vez que aceptamos el mundo tal y como es, podemos influenciar el futuro rastreando nuestras hebras de tiempo.

LAS HEBRAS DE TIEMPO

Una hebra de tiempo es un cordel imaginario de luz que va del presente al pasado o al futuro. Todos los hechos de nuestra historia se registran en nuestras hebras de tiempo de pasado a presente, porque cada acción deja un rastro en el tiempo. Además, nuestras hebras de tiempo se extienden también hacia delante entrando en el futuro en forma de miles de haces luminosos, como hilos de fibra óptica que irradian desde el cordel de luz y en los que cada hilo representa un posible futuro. Puedes rastrear los posibles futuros para descubrir tu destino sanado, donde tu enfermedad del corazón o tu cáncer de mama se ha curado, tu alimentación ha cambiado y tus relaciones tóxicas se han depurado.

Rastrear las hebras de tiempo es una práctica que se lleva realizando desde hace miles de años. En las sociedades aborígenes el chamán necesita guiar a su tribu a donde la caza y la pesca van a estar al día siguiente, no a donde estuvieron hace dos días, y esto lo hace rastreando la hebra de tiempo de la aldea, para averiguar dónde tienen que apostarse los cazadores al amanecer para esperar a su presa. De manera que cuando peregrinamos para buscar nuestro destino, rastreamos no solo lo probable sino también lo *posible*, por muy *improbable* que sea. Si trazamos solo los destinos probables, nunca encontraremos los bisontes o los peces, ni un futuro en el que hemos sanado o en el que el mundo está en paz. En lugar de eso, reforzaremos los probables futuros negativos, porque los resultados negativos que encontremos pasarán a formar parte de nuestras hebras de tiempo.

Una de mis estudiantes viajó una vez al Mundo Superior y lo único que vio en las líneas de su destino fue enfermedad y muerte (su familia tenía un largo historial de enfermedades cardiacas). A los pocos meses de aquello, cayó enferma porque solo había rastreado sus destinos probables, no sus destinos posibles, que podían haberle ofrecido un futuro libre de enfermedad.

En física cuántica hay una teoría llamada el «principio de incertidumbre de Heisenberg», que indica que el observador influye en el resultado de los acontecimientos. Observa una partícula subatómica pensando que es una honda y se comportará realmente como una onda, espera ver una partícula subatómica en una determinada ubicación, y aparecerá allí. Podemos aplicar este principio a nuestras propias vidas entendiendo que cualquier destino que rastreemos se cumplirá; después de todo, como saben los videntes, *todas* las profecías se cumplen por el mismo hecho de anunciarse.

La película *Tocando el vacío* cuenta la historia verídica de un par de montañeros ingleses que estaban escalando una montaña muy peligrosa y remota de los Andes cuando se produjo una cegadora tormenta de nieve. Durante la bajada, uno de ellos cayó por una profunda grieta y se rompió la pierna. El otro tuvo que tomar una decisión difícil: cortar la soga que los unía para salvar su propia vida o permanecer atado a su compañero y arriesgarse a morir también. De manera que cortó la cuerda y regresó a un lugar seguro, creyendo que había perdido a su amigo. Por increíble que parezca, el compañero que había dado por muerto logró escalar la grieta por la que se había caído y llegó, arrastrándose, al campamento. Para ello necesitó seis días, pero lo consiguió, y su amigo estaba allí esperándole. La supervivencia estaba escrita en la línea del destino de este hombre, y él avanzó a rastras hacia ella.

Para rastrear el destino es fundamental poner el carro delante del caballo y mirar las posibilidades antes que las probabilidades. Por ejemplo, en una emisión televisada de 1961 el presidente John F. Kennedy anunció que para finales de la década, Estados Unidos pondría un hombre en la Luna y lo haría volver sano y salvo a la Tierra. Sus consejeros se echaron atrás y le dijeron:

—No tenemos la tecnología, el conocimiento ni el dinero.

Kennedy les respondió:

—Logradlo.

Expresó algo que era posible y al hacerlo lo convirtió en realidad.

Del mismo modo, Nelson Mandela logró manifestar el sueño colectivo de lo que era posible consiguiendo un cambio extraordinario que desafiaba todas las probabilidades. Transformó la división y la hostilidad del *apartheid* en un cambio positivo y en una transición pacífica con igualdad para todos. Juntos, él y la población de Sudáfrica consiguieron hacer realidad el destino menos probable que se pudiera imaginar. Si unos pocos hombres y mujeres excepcionales pueden cambiar la suerte de las naciones, imagina cuánto más fácil es cambiar nuestra suerte individual.

El túnel de inercia

El túnel de inercia es el canal principal de nuestra hebra de tiempo: en él se desarrollan las circunstancias de nuestro pasado, presente y futuro; de hecho, el noventa y nueve por ciento de nuestras posibilidades futuras puede extrapolarse de la dirección de su flujo. Se trata de los hilos que están dentro de los bordes definidos por el sólido cordel de luz que va de nuestro pasado a nuestro futuro. Y aquí es donde surge el noventa y nueve por ciento de los resultados de nuestras vidas.

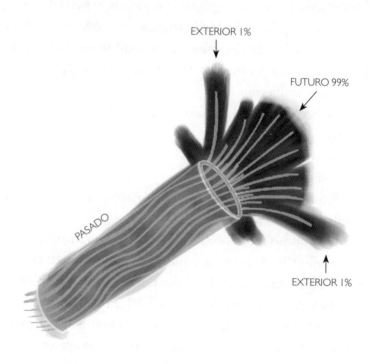

Solo un uno por ciento de nuestras posibilidades se sitúa fuera del túnel de inercia; son los resultados más difíciles de conseguir aunque suelen ser los más prometedores.

Ciertamente, en Sudáfrica la violencia y la discriminación eran resultados más probables que la paz de Mandela; sin embargo, se impuso la paz. Tanto los afrikáners como los negros tuvieron que hacer enormes sacrificios y tomar decisiones económicas y sociales difíciles; en otras palabras, tuvieron que salirse del túnel de inercia. Una vez que se adoptaron las decisiones difíciles, el túnel de inercia se alineó con la nueva realidad del país y lo apoyó en su ruta hacia la prosperidad.

Nuestro túnel de inercia es lo que hace que sigamos dejándonos arrastrar por la corriente, cumpliendo acuerdos del alma que firmamos antes de nacer; representa las predisposiciones genéticas que heredamos y las decisiones que tomamos cuando teníamos seis años. Si ya hemos tomado las difíciles decisiones que nos conducen al bienestar, la longevidad y la paz interior, puede que nuestro túnel de inercia nos esté apoyando ya en nuestro viaje (esto es lo que sucede cuando terminamos con una relación tóxica, dejamos un trabajo que nos parece horrible, comemos bien, hacemos ejercicio y tenemos armonía en nuestra vida). Pero para muchos de nosotros que nos encontramos en un lugar más complicado y deseamos modificar el curso de nuestras vidas, es a ese uno por ciento que se encuentra fuera del túnel de inercia a donde podemos ir para encontrar nuestro destino. Ahí es donde podemos mirar cuando nuestra vida no funciona adecuadamente y necesitamos probar otras posibilidades.

Por ejemplo, cuando a alguien se le diagnostica una forma de cáncer que es fatal en la mayoría de los casos, el noventa y nueve por ciento de las líneas de su destino pueden conducir a una enfermedad larga y devastadora o a la muerte. Solo un uno por ciento de las líneas conducirá a la salud; sin embargo, acceder a este uno por ciento requiere que cambie el noventa y nueve por ciento restante de su vida. Su genética, su manera de vivir y su entorno emocional se colocan en fila en el túnel de inercia y conducen hacia la enfermedad, pero pueden empezar a cambiar uno a uno los diferentes aspectos de su vida, como la alimentación, un trabajo excesivamente estresante, etcétera, o hacer algo mucho más poderoso: cambiar la trayectoria energética total de su túnel de inercia viajando por su hebra de tiempo para elegir un destino más deseable. Este destino aparece en su hebra de tiempo por el mero acto de buscarlo y de verlo; al hacerlo se altera el sentido del túnel de inercia.

Cuando el curso del túnel de inercia se alinea con tu destino, puedes transformar la totalidad de tu vida. No tendrás que estar pendiente de controlar cada decisión que tomas, solo necesitarás administrar bien las circunstancias de tu vida, confiando plenamente en que el mejor destino ya se ha seleccionado. Una vez que el destino se ha instalado en tu futuro, el universo conspira a tu favor para lograr que se haga realidad. Tus sistemas internos de orientación te dirigen hacia tu destino y la mano del Espíritu te sostiene.

Cómo cambiar el curso del túnel de inercia

Aunque puede ser muy deseable, cambiar el curso de nuestro túnel de inercia no suele ser una tarea sencilla. Imagínate durante un momento la diferencia entre volar en un Boeing 747 y un helicóptero.

Un 747 está construido de manera que tu vaso no tiemble demasiado en la bandeja que tienes delante, el vuelo resulta tan cómodo que puedes quedarte dormido y el piloto puede poner el avión en automático, deambular por la cabina y entablar conversación con los pasajeros. Sin embargo, esta estabilidad tiene un precio: para girar un 747 tienes que hacer un amplio movimiento de barrido que requiere tiempo, sobre todo si quieres hacerlo sin que a ningún pasajero se le caiga la bebida encima. Así es como la mayoría diseñamos nuestras vidas: de manera que podamos pasear en piloto automático con una bebida esperándonos en nuestra mesita. Pero pagamos un precio. Y, lo mismo que el 747, necesitamos tiempo para cambiar de dirección. No podemos levantarnos una mañana y decir sencillamente: «Ya no quiero seguir pagando la hipoteca» o «Ya no quiero ir más al trabajo». Nuestras vidas no están hechas para eso.

Un helicóptero es una máquina totalmente diferente que está diseñada para efectuar giros fulminantes y volar a gran velocidad. Es genial porque puedes aterrizar en una playa tropical y despegar desde el tejado de un rascacielos, pero también tienes que estar preparado para operar cuatro controles a la vez, usando las dos manos y los pies. Olvídate de levantarte y dar una vuelta por la aeronave: toda tu atención ha de estar centrada en volar. Además, deberás desprenderte de cualquier exceso de equipaje porque un helicóptero tiene que viajar ligero. Esto significa que hay que prescindir de bebidas, comidas y auxiliares de vuelo.

Aquí tienes un ejemplo más cotidiano. Digamos que estás conduciendo a ciento sesenta kilómetros por hora en una camioneta que lleva una lavadora y una secadora en la parte de atrás y de repente quieres girar a la izquierda. Aunque consigas tomar la curva a ciento sesenta kilómetros por hora, la lavadora y la secadora seguirán yendo hacia delante, y probablemente volcarás y te saldrás de la carretera. Para tomar la curva sin riesgos debes reducir la velocidad. El problema es que la mayoría no sabemos cómo frenar (es decir, cómo reducir las horas de trabajo o cambiar nuestra relación con nuestros hijos) porque hemos perdido el control de la inercia que nos impulsa hacia delante. Si no nos deshacemos de nuestro equipaje, nos quedaremos sin lavadora, sin secadora, sin trabajo, sin pareja e incluso sin salud.

El nuevo destino de Steve

Steve era un científico de alto nivel con una carrera muy prometedora, que trabajaba con el acelerador lineal de la Universidad de Stanford. Su equipo estaba investigando lo que sucedió en el tercer nanosegundo después del Big Bang. Querían determinar si había suficiente materia en el universo para que siguiera expandiéndose eternamente o si iba a comenzar a contraerse en un Big Bang invertido. Este era el trabajo con el que siempre había soñado Steve. Cuando lo conocí le pregunté:

—¿A qué conclusión habéis llegado? ¿El universo se está expandiendo? ¿Cuál es el pronóstico?

Me contestó:

—Las cosas parecen ir bien para el universo, pero no muy bien para mí. Me acaban de diagnosticar un tipo de cáncer muy agresivo. He estado investigando y resulta que el noventa y ocho por ciento de quienes padecen esta enfermedad mueren en cuatro meses.

La esposa de Steve murió hacía algún tiempo y se quedó con dos niñas pequeñas que estaba criando él solo. Unos pocos meses antes había conocido al amor de su vida, pero ahora había recibido esta sentencia de muerte. Dado el pronóstico médico, el noventa y ocho por ciento de las hebras de tiempo que había en el túnel de inercia de Steve llevaban a muerte, muerte y más muerte, solo un dos por ciento se encontraba fuera de ese túnel y la mitad de *esas* hebras mostraba una posibilidad de enfermedad grave. Por lo tanto, solo un minúsculo porcentaje de las hebras de tiempo de Steve apuntaba a un resultado saludable. Pero él tenía muchas razones para vivir, de manera que tuvimos que rastrear ese dos por ciento de oportunidades para encontrar un futuro en el que hubiera sanado para que ese estado pudiera empezar a formarse dentro de él.

Steve y yo hicimos un peregrinaje por esta hebra de tiempo y descubrimos su yo sanado. Una vez que lo hicimos, este yo futuro le guió hacia la salud... pero para eso tuvo que cambiar por completo su vida. Se vio obligado a abandonar su exitosa carrera porque el estrés de su trabajo le estaba, literalmente, matando. Tuvo que desprenderse de la lavadora y la secadora, es decir, del trabajo en Stanford, la vanguardia de la física, dejar de acelerar partículas nucleares, de participar en esa carrera de publicar artículos científicos o perecer en la que vivía inmerso y renunciar a la gloria de sus logros científicos. Debía adoptar una vida que hiciera posible ese nuevo destino en el que se había curado.

Steve se aferró al hilo de destino que estaba fuera de su túnel de inercia y se deshizo del noventa y ocho por ciento de su vida anterior para así poder conservar ese dos por ciento esencial formado por vida y amor (¡hizo un buen trato!). Se convirtió en tallador de madera y se mudó a Alaska con su familia. Seis meses después, oficié su ceremonia de bodas.

EJERCICIO: TRAZA TU HEBRA DEL TIEMPO

En el siguiente ejercicio descubrirás el aspecto de tu propio túnel de inercia. Es importante tener una actitud abierta a la hora de realizarlo. El destino no es siempre lo que creemos que queremos cambiar —está claro que Steve no tenía el menor interés en abandonar su carrera de físico—. Sin embargo, en ocasiones, necesitamos realmente cambiar de vida, no importa lo realizados que nos sintamos con nuestra carrera o con los logros alcanzados hasta entonces. Solo así podemos sanar nuestra existencia y dotarla de significado.

Para empezar, toma una hoja de papel y dibuja cuatro líneas paralelas de izquierda a derecha de la página. Estas son las líneas de la vida a lo largo de las cuales trazarás tu historia personal y familiar:

En la primera línea pondrás a las personas que amaste e indicarás cuándo las amaste; se trata de tus amores apasionados, tu cónyuge, tus parejas sexuales, aquellas personas con las que tuviste devaneos amorosos y las amistades platónicas intensas. Anota los nombres y las fechas a lo largo de esta línea.

En la segunda línea escribe sobre las experiencias emocionales que han supuesto un reto para ti. Puedes anotar episodios de incertidumbre o depresión, momentos de gran felicidad o incluso periodos de tiempo de los que ni siquiera recuerdas tu estado de ánimo.

En la tercera línea anota los trabajos que has desempeñado y las profesiones que has explorado.

En la cuarta línea señala tu historial de salud personal y familiar; se trata de las enfermedades que has tenido o las que han padecido tus padres, abuelos y tíos.

Echa un vistazo a estas líneas y compáralas. Busca patrones que se repitan.

¿Terminas las relaciones sentimentales justo cuando empiezan a ser verdaderamente íntimas? ¿Te saboteas justo cuando estás a punto de tener éxito en algo? ¿Qué estaba ocurriendo con tus relaciones, tu carrera y tus emociones cuando empezaste a tener problemas de salud? ¿Qué tendencias positivas y negativas ves en todo esto?

Estas tendencias (amor, poder, dinero y salud) son las cuatro hebras de tiempo fundamentales de tu vida. Entretejidas formando una cuerda que atraviesa tu túnel de incertidumbre, son el sólido cordón de luz en el que se han registrado las principales circunstancias de tu pasado. Esta es la suerte que han hilado para ti los acuerdos de tu alma.

※ ※ ※

En el próximo capítulo aprenderás a identificar las creencias limitadoras que te mantienen atado a esa cuerda en la que está escrita tu suerte. Luego, en el capítulo que viene a continuación del siguiente, descubrirás las hebras de tu destino, las hebras de futuros posibles, aunque no sean probables, y aprenderás a rastrearlas para encontrar las mayores recompensas y oportunidades.

※ ※ ※

CAPÍTULO DIEZ

SACRIFICAR LAS VACAS SAGRADAS

Tres días río arriba desde el puerto, por llamarlo de alguna manera, más cercano de la selva… Juré que nunca volvería a la selva, pero eso me enseñará a no volver a decir «nunca jamás». Parte de mí se quedó allí atrás entre la niebla y la maraña del Amazonas cuando pasé por mi propia muerte, pero aguanté, muerto de miedo, y no me rendí. Eso fue hace tres años. Ahora sé que debo volver a atravesar ese portal que la mayoría de nosotros solo traspasa al final de la vida.

Ya he visto lo que hay en el otro lado. Sé que debo morir a todo aquello en lo que creo para poder vivir de verdad.

DEL DIARIO DE ALBERTO

A lo largo del tiempo los seres humanos han buscado las respuestas en las alturas. Por eso es por lo que un gran número de nuestras mitologías nos llevan a lugares elevados: los sacerdotes shinto de Japón suben al monte Fuji; los kurdos de Turkía reverencian el monte Ararat; en India, el monte Arunachala es considerado la encarnación del dios hindú

Shiva; los hopi americanos reverencian la montaña Blanca en Colorado, y, por supuesto, los dioses griegos vivían y reinaban en el monte Olimpo.

Teniendo en cuenta que muchos de los lugares más sagrados se encuentran en los puntos más elevados de la Tierra, no es extraño que las leyendas de todo el mundo estén llenas de historias en las que se describe el arduo recorrido para llegar hasta ellos —quizá la mejor conocida de ellas sea el episodio bíblico de Moisés subiendo al monte Sinaí para recibir los Diez Mandamientos—. A veces nuestros picos más elevados incluso llevan las marcas de los mismos inmortales. Por ejemplo, en el Pico de Adán, en Sri Lanka, hay una huella de pie gigante fosilizada que se cree que dejó Adán tras su exilio del Jardín del Edén.

Ahora bien, mientras que los mortales vivimos en el Mundo Medio del *Homo sapiens*, el Mundo Superior es el dominio del *Homo luminous*, la esfera del Espíritu. Este es el territorio celestial de los ángeles y los arcángeles, y de los seres iluminados que están libres del tiempo y la muerte. El Mundo Superior es donde obtienes tu naturaleza divina, aunque también es donde descubres los hermosos acuerdos a los que llegaste con el Espíritu antes de nacer. Aquí aprenderás el verdadero argumento de tu vida, por qué has venido aquí a vivir, a quién has de amar y qué debes aprender; recordarás los acuerdos a los que tu alma llegó antes de que volvieras a entrar en la corriente del tiempo con tu nacimiento. Estos son los acuerdos sagrados que tienes que recordar y por los que debes regirte.

Las leyendas nos cuentan que el viaje al Mundo Superior es el viaje del héroe. De manera que si quieres alcanzar las cumbres más altas, debes escalarlas como si tú mismo fueras un héroe. El héroe, que es la otra cara de la víctima, es capaz de responder a su llamada en medio de obstáculos aparentemente insuperables, mientras que la víctima está a merced de su suerte o de su pasado. Del mismo modo que Psique tuvo que pasar unas arduas pruebas para lograr ascender al monte Olimpo, tú solo podrás alcanzar tu destino tras pasar por tu propio proceso de limpieza, purga y purificación. Los mitos nos enseñan que únicamente es posible llegar a las cumbres del Mundo Superior en un estado de sanación, libre de las exigencias del ego y lleno de gracia e integridad.

Los profetas mayas vaticinaron una nueva humanidad procedente del Mundo Superior para el año 2012. Tú formarás parte de esta evolución de los seres humanos porque participarás en el salto cuántico que supone convertirse en una nueva especie humana con cuerpos nuevos que envejecerán, sanarán y morirán de una manera diferente. En tu viaje vas a aprender que, de hecho, experimentarás esta evolución cuántica.

LAS VACAS SAGRADAS

Puedes prepararte para el viaje al Mundo Superior desprendiéndote de tus creencias limitadoras acerca del amor, el poder, el dinero y la salud, como: «No valgo lo suficiente», «No me lo merezco», «A mí no me servirá la recuperación del alma» o «Tengo demasiadas responsabilidades encima para cambiar». Otras versiones son: «Cuando los niños sean mayores, cambiaré»; «Haré yoga cuando tenga más tiempo», o «Cuando tenga bastante dinero, ya no trabajaré tanto y además comeré mejor».

Nos aferramos a estas creencias limitadoras o «vacas sagradas» porque pensamos que nos ofrecerán seguridad, pero en realidad nos impiden conseguir lo único que nos permitirá sentir la magia del mundo. Nos convencemos de que si nos desprendemos de la vaca sagrada, no nos quedará nada. En otras palabras, creemos que es preferible aferrarnos a lo poco que tenemos que no tener nada: es mejor una mala relación que vernos solos, es mejor un mal trabajo que estar desempleado.

Por ejemplo, una de mis vacas sagradas solía ser el miedo a no poder mantener a mis hijos. Me decía una y otra vez a mí mismo: «Cuando los niños sean mayores, *entonces* me dedicaré más a mi vocación de escritor y sanador, pero por ahora tengo que ser responsable y trabajar en la universidad». Un día, siendo mis hijos aún pequeños, dejé la universidad y me dirigí al Amazonas. Fue en ese viaje cuando mi mentor me preguntó:

—Alberto, ¿quieres vivir como un águila o como una gallina?

¡Por supuesto que no quería vivir como una gallina! Sin embargo, vivir en un gallinero tiene unas ventajas innegables, como la comida asegurada y una cerca que impide que entre el zorro. Es el equivalente a trabajar para una empresa con un plan de jubilación o, en mi caso, como profesor de una universidad con un salario fijo. Pero también sabía que muchos dejan el gallinero y no son capaces de alejarse nunca de los alrededores de la granja, es decir, se quedan echando de menos el gallinero, les falta el valor necesario para lanzarse a volar.

Tuve que enfrentarme al hecho de que si quería volar en las alturas con las águilas, debía cambiar algunas cosas en mi vida. Tenía que renunciar a la seguridad de un puesto en la enseñanza para así poder investigar en el Amazonas. En ese momento, era uno de los miembros más jóvenes del personal facultativo de la universidad y me esperaba un futuro académico prometedor. Mi decisión significaba sacrificar las expectativas que todos habían depositado en mí además de las que yo mismo tenía para mi futuro.

Sin embargo, tras unos pocos años difíciles, mi nueva carrera despegó y fui capaz de mantener de sobra a mi familia. Ya no enseñaba en la universidad, pero empecé a dar conferencias por todo el mundo. Mi vaca sagrada había estado obstaculizando mi capacidad para lograr el verdadero éxito.

DESPRENDERSE DE CREENCIAS LIMITADORAS

Una vaca sagrada es lo último que uno quiere perder o abandonar, y puede ser algo que estés absolutamente convencido de que hay que mantener. Por ejemplo, una vez me llamaron para que asesorara a una empresa porque su fundador pensaba que el negocio estaba estancado. Me aseguró que estaba dispuesto a cambiar lo que hiciera falta para mejorar la situación... La cuestión es que, tras reunirme con todos sus gerentes, ¡descubrí que era él lo que había que cambiar! Los gerentes sabían que la empresa tenía problemas pero no se atrevían a exponerle al jefe las dificultades que causaba su forma de gestionarla. El fundador de la empresa era la vaca sagrada que había que sacrificar para poder realizar un cambio significativo.

Fui yo quien le informó: tenía que dimitir de su cargo. Terminó entrando en el comité de dirección y dejando las gestiones diarias a una nueva generación. Después de eso, la empresa empezó a florecer y los empleados estaban más contentos que nunca y por tanto eran más creativos y productivos. Y el fundador pudo volver a dedicarse a pensar con una perspectiva global y a ocuparse de la planificación estratégica, que era lo que siempre le había gustado. Se sentía más útil y por primera vez en su vida laboral disfrutaba de la cooperación de sus socios.

Una vaca sagrada no es más que una creencia limitadora que confundimos con la realidad. Siempre es aquello para lo que nos falta dinero, tiempo, salud o valor, pero que debemos estar dispuestos a intentar si queremos sentirnos completos. Es lo que nos hace seguir haciendo lo que hemos hecho siempre durante mucho más tiempo del que deberíamos aunque sepamos que está mal. Como me dijo una vez un paciente: «Mi trabajo es una pesadilla, pero necesito dormir». Aunque odiaba ir al trabajo, este hombre se aferró a su puesto, eligiendo pasar por la vida como un sonámbulo en lugar de arriesgarse a probar lo que sucedería si sacrificaba esa vaca sagrada y se zambullía en lo desconocido. No obstante, aunque los riesgos de lanzarse suelen ser enormes, los de pasar por la vida como un sonámbulo son todavía mayores.

Cuando nos aferramos a nuestras creencias limitadoras, pueden surgir enfermedades o adversidades. Un profesor de universidad que conozco solía decirme siempre que cuando terminara de pagar su plan de jubilación, se dedicaría por fin a hacer lo que quería hacer. Desgraciadamente, antes de que esto sucediera murió de un ataque al corazón. La lección es que no siempre puedes esperar: tienes que desprenderte de tus creencias limitadoras para poder alcanzar tu destino.

Por supuesto, es más fácil decirlo que hacerlo. Esto me recuerda una vieja historia india de unos loros que están en una jaula en el palacio de un sultán. Un pájaro viejo les habla a los otros (que habían nacido en cautividad) sobre los cielos azules, lo deliciosos que son los mangos cuando los comes de la copa de los árboles y lo genial que es volar en libertad bajo las nubes. Un día el guardián de los pájaros se deja la caja abierta en un descuido y el que contaba las historias dice:

—Marchad, amigos. Salid y volad. Saludad a las copas de los árboles por mí.

Uno a uno, todos los loros salen volando de la jaula, excepto el que les decía que salieran. Este loro viejo sencillamente no estaba dispuesto a sacrificar la seguridad por la libertad.

Las creencias limitadoras se esgrimen siempre como un dogma. Por ejemplo, el astrónomo italiano Galileo fue llevado a la Inquisición en el siglo XVII como hereje por apoyar la teoría de Copérnico de que la Tierra orbita alrededor del Sol, que chocaba frontalmente con las enseñanzas de la época. Este desgraciado astrónomo fue criticado por un mundo que no conocía el lugar que le correspondía a nuestro planeta dentro del universo, de manera que abandonó sus investigaciones del movimiento de los cuerpos celestes tras ser amonestado por la Iglesia. A pesar de todo, volvió a escuchar su llamada y defendió su verdad incluso delante del mismo papa.

Galileo tuvo que sacrificar la vaca sagrada que aseguraba que la Tierra era el centro del universo y que el Sol y las estrellas giraban a su alrededor. Aunque lo condenaron a prisión por desafiar esta creencia, al permanecer fiel a su destino enfrentándose a un terrible peligro realizó descubrimientos que cambiaron el curso de la ciencia. En su momento las ideas de Galileo se consideraron erróneas; sin embargo, hoy día son universalmente aceptadas, y los niños de todo el mundo aprenden sobre él y sus descubrimientos.

Lo mismo que Galileo, si quieres escalar las alturas más elevadas, debes estar dispuesto a hacer frente incluso a los dogmas rígidos y a la adversidad. Ni tus amigos ni tu familia serán capaces de entender que dejes el trabajo, la carrera o esa relación sentimental que consideran perfecta para ti, y pensarán que te estás dejando arrastrar por una idea estúpida. No obstante, hacer caso de esa idea significa que solo te guías por las opiniones de una persona: *tú*.

La llamada del destino

Puede que estés llamado a un destino que incluso tú preferirías ignorar. Es fácil caer en la tentación de decir: «Aún no estoy preparado para hacer esto, ya lo haré en otro momento. Ahora mismo estoy bien así». Sin embargo, cuando no respondes a tu llamada, corres el riesgo de provocar la ira de los cielos.

Por ejemplo, en la historia de Jonás y la ballena, Dios llama al pobre tendero y le dice:

—Quiero que vayas a Nínive.

Y Jonás le responde:

—No, yo solo quiero llevar una vida sencilla. Quiero ser tendero y permanecer junto a mis hijos y mis nietos.

Jonás ignora la misión a la que está llamado, se embarca y navega en dirección contraria a Nínive. Durante la travesía se levanta una gran tormenta y los marineros saben que alguien de la tripulación ha provocado la ira de Dios. Jonás admite, abatido, que ha sido él. Para salvarse, lo arrojan por la borda y al caer al mar se lo traga una ballena que termina llevándolo en su vientre hasta la costa de Nínive.

Mientras se encuentra en el interior del enorme animal, Jonás reconoce que está llamado a expandir la palabra de Dios. Cuando la ballena regurgita al humilde tendero en Nínive, este empieza a enseñar, pero ha tenido que pasar por inmensas dificultades antes de aceptar su misión. La historia de Jonás nos enseña que si no respondemos a nuestro destino por propia voluntad, terminaremos arrastrados a él de todas maneras.

La llamada del destino tiene un origen espiritual. No es como, por ejemplo, un menú en el que podamos elegir entre pollo y pescado; se trata de una fuerza que escapa por completo a nuestro control. No obstante, aun así tenemos una elección: ¿respondemos a la llamada del destino por nuestra propia iniciativa o esperamos hasta que una enfermedad o una crisis personal nos fuerce a abandonar lo que estamos haciendo y a seguir nuestro destino?

Durante muchos años quise ignorar mi vocación. Cada vez que me decía a mí mismo: «Solo quiero tener un trabajo corriente y una vida normal», era como si las circunstancias se pusieran de acuerdo para volver a dirigirme al mundo de la enseñanza y la sanación o bien enfermaba o bien la carrera que había pensado seguir no funcionaba. Descubrí el viejo proverbio que dice: «Si quieres ver reír a Dios, haz planes».

Aceptar mi propia vocación implicó siempre desafíos: tuve que enfrentarme a innumerables miedos y dificultades. Por ejemplo, tras la publicación de mi primer libro, *The*

Realms of Healing, al coautor de la obra y a mí nos reprendió el comité de ética de la Asociación Psicológica Estadounidense por promover «supersticiones» primitivas. Muchos de mis colegas creían que estaba perdiendo el tiempo al estudiar la sanación «no convencional», e incluso mi madre me preguntaba cuándo pensaba conseguir un trabajo o volver a enseñar en la universidad. Al final nada de esto importaba: *tenía* que escuchar mi llamada.

Como puedes ver, la llamada a tu destino no surge siempre de la manera en que lo esperas. Por ejemplo, el presidente Franklin Delano Roosevelt creció en un entorno privilegiado y alcanzó el éxito antes de contraer poliomielitis a la edad de treinta y nueve años. Pero solo tras sufrir esta enfermedad aceptó su destino y llegó a ser uno de los personajes más importantes del mundo. Además de convertirse en uno de los presidentes mejores y con un mandato más largo de Estados Unidos, Roosevelt lanzó una campaña popular que recaudó fondos para el desarrollo de una vacuna contra la polio, lo que detuvo la transmisión de la enfermedad que le había lisiado y que por aquellos tiempos aterrorizaba a todo el país. Roosevelt no sucumbió a la creencia de que su discapacidad le convertía en un ser que carecía de poder; al contrario, puso en marcha una sanación que trascendía con mucho a su propia enfermedad. Utilizó su discapacidad para convertirla en una cruzada de curación para los demás, pasando así de ser un privilegiado a convertirse en un instrumento del destino.

Hay muchas otras historias de gente que se enfrenta a obstáculos extraordinarios y los supera, o que transforma desafíos en oportunidades. Solo hay que pensar en Helen Keller, que era sorda y ciega de nacimiento, y sin embargo logró superar estas desventajas y aprender a leer y comunicarse, hasta el punto de que llegó a ser la primera estudiante sorda y ciega en conseguir un título en una universidad norteamericana. Helen emprendió una gira por el país, animando a miles de personas sordas a aprender a comunicarse en un momento en el que a quienes padecían esas discapacidades se los consideraba enfermos mentales.

✻ ✻ ✻

Los seres excepcionales nos demuestran que podemos sacrificar nuestras creencias limitadoras para cambiar la naturaleza de nuestra aventura y cumplir nuestro destino en lugar de limitarnos a sobrevivir. De manera que, ¿cuál *es* tu destino? ¿Acostumbrarte a tus limitaciones o cambiar el mundo? El camino del sanador ha sido siempre descartar las creencias limitadoras y convertirlas en fuentes de fuerza e inspiración. Cuando sacrificas tus vacas sagradas, ya no tienes ninguna excusa que ofrecer al Espíritu. Ya no hay una discapacidad que haya que superar para poder serle de utilidad al mundo, ni un niño que haya que criar antes de que puedas convertirte en escritor. Lo único que existe es el *sí* rotundo que le dices a la vida.

EJERCICIO: IDENTIFICA TUS VACAS SAGRADAS

En este ejercicio identificarás algunas de esas creencias limitadoras que te impiden vivir tu destino y te liberarás de ellas. Lo harás con cada una de las cuatro hebras que están entrelazadas en tu túnel de inercia: tus relaciones sentimentales, el poder, el dinero y el trabajo y la salud. En cada una de estas hebras rellena el espacio en blanco de la siguiente frase:

Cuando _____, podré _____.

Sé tan específico como sea posible. Aquí tienes algunos ejemplos:

- Relaciones amorosas

  Cuando encuentre la pareja adecuada, podré:
    » ser feliz
    » sentirme realizado
    » dejar de sentirme solo
    » sentirme digno de amor

- Poder (fuerza psicológica y emocional)

  Cuando supere la ira que siento hacia mi madre, podré:
    » aceptar a mi hija tal y como es
    » estar más en contacto con mi feminidad
    » tener confianza en mí
    » abrirme a conocer a un hombre

- Dinero y trabajo

  Cuando encuentre el trabajo adecuado, podré:
    » aprender a meditar y practicar diariamente
    » tener más paz y sentirme más satisfecho
    » viajar
    » convertirme en un magnífico cocinero

- Salud

  Cuando deje de sufrir fatiga crónica, podré:

    » hacer ejercicio con regularidad
    » aprender a cocinar comidas sanas
    » lidiar con mi infelicidad
    » ser activo y ponerme en forma

Vuelve a mirar tus respuestas. Lo que has escrito en el primer espacio en blanco es la vaca sagrada, la creencia limitadora que te impide avanzar en la vida, mientras que lo segundo es el viaje que debes estar dispuesto a realizar, tanto si ocurre lo escrito en el primer espacio como si no.

A pesar de la sencillez de este ejercicio, esta herramienta es muy reveladora de tus creencias limitadoras. Como tienes todo un rebaño de vacas, deberías repetir este ejercicio a menudo, profundizando cada vez más para revelar tus creencias más profundamente asentadas. Usado rigurosamente, este ejercicio te abrirá una puerta a tu destino.

✻ ✻ ✻

Ahora que has identificado tus vacas sagradas (y estás dispuesto a sacrificarlas), estás listo para trazar un mapa del Mundo Superior y encontrarte con tus padres celestiales.

✻ ✻ ✻

CAPÍTULO ONCE

EL PEREGRINAJE PARA RECOBRAR TU DESTINO

Hay dos tipos de viajeros: los que llevan mapa y los que no. En mi juventud yo era uno de estos últimos. Un día me extravié en la selva tropical (sabía que estaba solo a una hora del campamento). Dos días después seguía sin encontrar la senda, pero continuaba repitiéndome a mí mismo: «No estás perdido; perdido es un estado mental. Es solo que no sabes dónde estás».

Al tercer día, por fin admití que me había perdido. Entonces encontré un pequeño arroyo. En realidad, no era más que un hilo de agua. Pero sabía que me llevaría a un afluente y de ahí al Amazonas. Caminé por el cauce arenoso durante dos días hasta que llegué al gran río. Desde allí dos indios me llevaron a puerto con una canoa. En el viaje me preguntaron si estaba perdido. Les contesté: «No, solo me estoy encontrando a mí mismo». Los indios sonrieron y no dijeron ni una sola palabra más.

Por un lado están los que siguen los mapas y por otro quienes los trazan.

Del diario de Alberto

El destino de Jonás lo llevó a las costas de Nínive aunque había tratado de escapar. Lo mismo que él, tienes una elección: puedes esperar a que te trague una ballena (o te asuste el giro que ha dado tu vida) o puedes tomar una senda más consciente. Jonás no era muy diferente de esas personas que acostumbran a hacer varias cosas a la vez dentro del coche: pisan el acelerador para llegar a tiempo al trabajo mientras hablan por el móvil y toman café para mantenerse despiertos porque no duermen nunca lo suficiente... hasta que un día sufren un terrible accidente que podría haber sido mortal. La vida los frena en seco y los envía a otro lugar, soltándolos en una «costa lejana». Tras el accidente experimentan un cambio del que no hay marcha atrás, y a partir de ahí su existencia gira en torno a las preguntas sobre el sentido y el propósito de la vida.

La documentación sobre experiencias cercanas a la muerte está repleta de esa clase de episodios, de gente que ha experimentado una increíble transformación tras un incidente extraordinario. Estas personas relatan la experiencia de viajar por un túnel oscuro hasta llegar a la luz. Una vez allí se encuentran con seres angélicos que les sirven de guía y les ayudan a revisar los hechos de su vida y a comprender su sentido y su propósito.

De hecho, el poder transformador de un encuentro con la muerte es uno de los temas más populares en libros y películas. Por ejemplo, Charles Dickens escribió sobre Ebenezer Scrooge, que encontró la senda de la bondad tras vislumbrar su propia mortalidad; y en la clásica película *¡Qué bello es vivir!*, el suicida George Bailey vuelve a encontrarle sentido a su vida gracias a un aprendiz de ángel que le enseña cómo sería el mundo si él no hubiera vivido.

Pero ¿por qué esperar un accidente, un acto de desesperación o los últimos momentos de tu vida para conocer el sentido de tu existencia? ¿Por qué no experimentar ese conocimiento mientras todavía puedes vivir con un propósito más elevado? Como se suele decir, nadie yace en su lecho de muerte arrepentido por no haber pasado más horas en la oficina. Aquello de lo que terminamos arrepintiéndonos es el amor perdido, no haber estado más tiempo con nuestros hijos o la ausencia total de sentido en nuestras vidas. Nos arrepentimos de no haber apostado por lo que nos habría hecho sentirnos realizados a nivel emocional o creativo, es decir, la sensación de haber seguido nuestra vocación.

Pasemos ahora por esta experiencia de atravesar un túnel oscuro y salir a la luz, donde, nos guiarán seres celestiales que nos mostrarán el argumento de nuestras vidas sin necesidad de un incidente traumático que nos *obligue* a ser conscientes. Viajemos al Mundo Superior, que está habitado por nuestros padres celestiales y experimentemos la luz hoy.

Un recorrido por el Mundo Superior

El Mundo Superior es aquello a lo que la psiquiatría se refiere como la mente *superconsciente*, una esfera mucho más amplia que la limitada sensación del ego con la que vivimos en nuestra existencia cotidiana. Cuando viajamos al Mundo Superior, entramos en este superconsciente colectivo que tiene acceso a nuestro destino personal, además de al destino de nuestra familia, de nuestra población o del lugar de la

Tierra del que somos responsables, ya se trate de un huerto, una granja o el barrio de una ciudad.

Todas las sociedades tradicionales nos hablan del Mundo Superior (al igual que muchas religiones), y cada una tiene su propio mapa para describir este territorio. Están las descripciones cristianas del purgatorio y el paraíso. Están los mapas ancestrales del Tíbet que muestran los planos del bardo, en los que el alma de una persona expía sus errores y luego, tras muchas adversidades y sufrimiento, regresa a la luz. Y los laika hablan de un territorio formado por múltiples capas (como creen los tibetanos) y habitado por las almas colectivas de los minerales, las plantas y los animales, así como por las almas de nuestros ancestros; y cada uno de los cinco planos de este mundo tiene una relación diferente con el tiempo. Este es el mapa que seguiremos estrictamente en este capítulo.

La religión de los laika, como muchas otras religiones, cree que tras la muerte nos dirigimos espontáneamente hacia uno de estos niveles del Mundo Superior, dependiendo de cómo hayamos vivido. Si, por ejemplo, llegas sin haber sanado, quedas relegado a los niveles inferiores, donde atravesarás por un periodo de purificación y purga. En cambio, si vives conscientemente, podrás llegar a una de las capas más elevadas del Mundo Superior, donde no hay tiempo ni sufrimiento..., solo dicha.

Los seres con los que te reúnes en el Mundo Superior te darán la bienvenida y te guiarán a encontrar los acuerdos sagrados a los que te comprometiste antes de nacer. Son pactos maravillosos que ignoraste o que no supiste reconocer durante tu vida porque algo te desvió de tu camino: un trauma, la ambición o las expectativas de cómo deberías dirigir tu vida. En el Mundo Superior, se te da la oportunidad de preguntarles a tus padres celestiales cómo puedes empezar a vivir inmediatamente estos acuerdos sagrados y cómo pueden guiarte hacia tu mayor realización.

Todos los pasos que has dado a través de este libro han sido una preparación para este viaje: empleaste el proceso de recuperación del alma para sanar tu pasado y recobrar tu gracia; te aventuraste por tus hebras de tiempo para descubrir los patrones tóxicos que te han mantenido dentro del túnel de inercia en las relaciones sentimentales, el poder, el dinero y el trabajo; y sacrificaste a tus vacas sagradas para liberarte de creencias limitadoras. Estas técnicas curativas te han preparado para el viaje al Mundo Superior y te permitirán llegar allí en un estado de sanación, libre para explorar la posibilidad de las líneas de destino que se encuentran fuera del túnel de inercia.

LOS CINCO PLANOS DEL MUNDO SUPERIOR

Antes de empezar, me gustaría que tuvieras presente que este es un viaje sagrado que requiere tomar las precauciones adecuadas. Lo mismo que hiciste en tu viaje al Mundo Inferior, debes abrir un espacio sagrado y presentar tus respetos al guardián que vigila la entrada al Mundo Superior (en el cristianismo el guardián es el Espíritu Santo, representado por una paloma de fuego, mientras que en el judaísmo es el Mesías).

Ahora vamos a explorar cada nivel en profundidad.

El primer plano: el nivel de la gente de piedra

Cuando atravieses la entrada, penetrarás en las capas inferiores del Mundo Superior. En el primer nivel el tiempo transcurre de un modo parecido a como lo experimentas en tu mundo. Marcha hacia delante, tomando algún desvío de vez en cuando para dar marcha atrás, como hace en los sueños, aunque básicamente tiene una naturaleza lineal.

Este nivel es un mundo terreno de oscuridad y sufrimiento en el que te purificas antes de subir a niveles superiores que están llenos de dicha y paz. Para las culturas indígenas, el primer nivel del Mundo Superior se conoce como el dominio de la gente de piedra. Aquí es donde reside la esencia y el espíritu de las piedras y la energía vibra a una frecuencia muy baja. En otras palabras, es un sitio perfecto para el mundo mineral, pero no el adecuado para un ser humano. No hay luz, no hay sentidos, solo tienes una vaga conciencia de la presencia de otros pero no puedes relacionarte o comunicarte con ellos. Aquí solo existe el sufrimiento.

Cuando hablamos de un espíritu terrestre que está purgándose y purificándose y que sigue unido a un lugar donde puede haber vivido o donde fue asesinado, se trata de un espíritu que está atascado en el territorio de la gente de piedra. Son espíritus que se aferran al lugar donde sufrieron un accidente de automóvil, una violación o un asesinato, en otras palabras, un lugar donde perdieron el alma y la vida al mismo tiempo. Un alma también puede haber quedado unida a una persona que amaba u odiaba, hasta que ambas almas se unen en esta primera capa del Mundo Superior y logran resolver su problema.

Dice la leyenda que no podrás salir de la primera capa hasta que aceptes tu responsabilidad en el cuidado de la tierra, representada por la gente de piedra. En el caso de que, por ejemplo, mueras con muchos conflictos sin resolver y numerosas relaciones traumáticas, quedarás atrapado en el primer nivel hasta que les digas «te amo» y «te perdono» a aquellos a quienes no se lo dijiste mientras vivías. Entre esos conflictos pendientes de resolución puede haber heridas sin sanar o faltas que has cometido contra otros o contra la naturaleza. Esto es parecido al concepto cristiano del purgatorio, donde penamos durante un tiempo antes de pasar al cielo, y también se asemeja al primer mundo del budismo conocido como bardo, en el que «haces tiempo» sufriendo y purgando antes de poder pasar a los dominios intemporales.[1]

El segundo plano: el nivel de la gente planta

Cuando un alma purga y se sana, se vuelve cada vez más despierta; por lo tanto, puede pasar a la segunda capa del Mundo Superior. Este nivel es mucho más agradable para los seres humanos que el primero. Puedes ver, y dispones de todos tus sentidos, pero sigue existiendo sufrimiento, ya que estás purgando tu última existencia. En este plano, la marea del tiempo todavía ejerce una atracción y la causa y el efecto siguen predominando.

Aquí, las numerosas corrientes de tus vidas anteriores entran en contacto con el flujo de tu existencia más reciente. No solo recapitulas y vuelves a experimentar los incidentes de tu pasado reciente, sino también los de muchas otras encarnaciones. Te encuentras con seres que reconoces y que te reconocen. Como en un sueño, gente del pasado lejano y de tus vidas más recientes aparece en busca de perdón o venganza. Puedes relacionarte con ellos, pero, como en un sueño, las escenas cambian rápidamente y se tarda mucho en encontrar una salida a los conflictos.

Dice la leyenda que no puedes abandonar esta segunda capa hasta que aceptes tu responsabilidad en el cuidado de la totalidad de la vida vegetal, de las flores y los bosques. Esta es la esfera de la gente planta, y aunque aquí aún tenemos un nivel de purificación, también se da uno de crecimiento, vida y luz solar: este es el mundo verde en el que residen los espíritus de las plantas. En la mitología hopi, es donde, tras la llegada de la luz, aparece la vida vegetal en la tierra.

Los laika viajan a este lugar para recibir orientación acerca de qué hierbas y plantas deben usar con un enfermo. Fue gracias a la comunicación con este mundo como emergió la farmacología entre los pueblos ancestrales, no mediante ensayo y error, como suelen creer los occidentales —los curanderos no probaron cien remedios para ver cuál funcionaba con un dolor de estómago o una herida de flecha—. En la actualidad, cuando un especialista en etnobotánica le pregunta a una tribu de la selva tropical cómo saben qué plantas usar y cómo combinarlas para un propósito determinado, el chamán responde sencillamente: «El espíritu de las plantas nos lo dice».

El tercer plano: el nivel de los espíritus animales

La tercera capa del Mundo Superior es el mundo de los espíritus animales, donde siguen rugiendo los espíritus de criaturas ancestrales. Este territorio está poblado por los espíritus del alce, el águila, el cuervo, el salmón y el jaguar; pero también es aquí donde encontrarás los espíritus de todas las especies extinguidas, como el tigre dientes de sable, el mastodonte y la ballena prehistórica. Puedes peregrinar al mundo de los espíritus de los animales para recibir sus dones lo mismo que viajas a la segunda capa para recibir los de los espíritus de las plantas.

Aunque se trata de un nivel más elevado, este plano aún no es la «casa» de los seres humanos. Los individuos no se diferencian entre sí y no hay nada más que una absorción completa dentro de la naturaleza, porque los animales tienen almas colectivas, al contrario que los seres humanos, con nuestras almas individuales. No hay consciencia ni separación de nada de lo que ocurre a tu alrededor, sino que te absorbe y te posee lo colectivo, sin sentido del «yo» o del ser. El tiempo es completamente fluido en este mundo, aunque sigue existiendo un pasado y un presente.

Las almas humanas que habitan este mundo se encuentran en su fase final de purga. Lo único que se necesita ahora es que despierten y comprendan que están soñando. Dice la leyenda que no dejarás esta capa hasta que puedas participar conscientemente en la evolución de *toda* la vida.

✻ ✻ ✻

Ten en cuenta que al atravesar los tres territorios naturales del Mundo Superior, puedes encontrarte con los espíritus de tus ancestros; sin embargo, te será imposible establecer contacto con ellos. Podrías encontrarte a tu abuelo o a un amigo en esos dominios, pero no te responderán. Aquí no puedes comunicarte con tus seres queridos fallecidos porque están ocupados purificándose y los vivos no pueden acceder a ellos. No pueden oírte, y tú no puedes ofrecerles ayuda. Es posible que sientan tu amor y tu compasión, pero no te percibirán. Aunque hay sanadores que se especializan a ayudar a estos seres, estas almas tienen que pasar por su propio proceso de perdón y redención para poder encontrar la gracia y ser accesibles a otros seres humanos en la cuarta capa del Mundo Superior.

El cuarto plano: el nivel de los ancestros

Las almas de tus antepasados residen en la cuarta capa, y puedes dialogar con ellas porque han finalizado su proceso de expiación. Este territorio está lleno de gente, lugares y objetos que reflejan los de tu mundo o se parecen a ellos. Aquí puedes encontrarte con tus seres queridos que han completado el viaje de vuelta a «casa» (es como el pasaje de *La Divina Comedia* en el que Dante recorre el paraíso guiado por Beatriz, la atractiva dama que vivía en Florencia, cerca de él, y gracias a la cual el poeta alcanza la santidad).

Lo que has hecho hasta este momento ha sido sanar tu pasado ahora, mientras todavía tienes un cuerpo físico, y esto te ayudará a evitar el largo y arduo viaje a través de los planos inferiores del más allá. Todo ha sido una preparación para encontrarte con tus padres celestiales, que te ayudarán a elegir la próxima familia en la que nacerás, las circunstancias y el lugar de tu próximo nacimiento y qué tipo de experiencias vitales tendrás en tu próxima encarnación. Tu alma ejerce una fuerza gravitacional tremenda en la familia en la que desea nacer, y es capaz incluso de unir a dos amantes solo para una noche de pasión con objeto de darte a luz a ti.

Tus padres celestiales te recordarán la razón por la que recibiste la vida y te mostrarán los términos del acuerdo sagrado que contrajiste con el Espíritu. Aunque los llamamos «padres», estos maravillosos seres no son nuestros ancestros biológicos sino unos arquetipos benignos que están libres de la carga genética y psicológica que te transmitieron tus padres humanos. Son tu *linaje espiritual*, no físico, y te guían sin juzgarte ni esperar nada de ti, recibiendo tu alma cuando regresas a casa y ayudándote a restablecer tu destino original. Como escribió Raymond Moody, uno de los más prestigiosos investigadores de las experiencias cercanas a la muerte, las sensaciones de ser juzgado «no venían del ser de luz, que parecía amar y aceptar a estas personas de cualquier manera, sino más bien del interior del individuo que se siente juzgado».[2]

El proceso de revisión de la vida se lleva a cabo en presencia de tus padres celestiales, y aquí eres acusado, abogado defensor, juez y jurado, todo a la vez. Es entonces cuando rindes cuenta de tu fidelidad al pacto original de tu alma: ¿en qué medida has aprendido lo que viniste a aprender?, ¿cómo has experimentado el amor y el servicio a los demás? Del mismo modo que tus padres biológicos te trajeron a este mundo, tus padres celestiales te llevarán al siguiente, dándote la bienvenida después de tu muerte.

La cuarta capa es un territorio de paz y descanso para los seres humanos en el que las almas se reúnen entre una y otra encarnación. Aunque ya te has purificado y has expiado tus faltas, la historia de tu alma determinará tu próxima encarnación. El tiempo prácticamente se detiene, pero la causa y el efecto y la ley del karma siguen predominando. Un minuto en este territorio puede ser un siglo de tiempo terrenal. Y según la leyenda, no evolucionarás más allá de esta esfera hasta que aceptes la responsabilidad de crear la totalidad del universo con tus sueños (explicaré en detalle este concepto en el capítulo 12).

El quinto plano: el nivel de los seres superiores

Desde la cuarta capa puedes subir una escalera que te lleva al quinto y más alto nivel del Mundo Superior. Este es el territorio de los ángeles y los arcángeles, donde residen los grandes sanadores. Aquí se encuentran todas las almas dedicadas a ayudar a la humanidad, entre ellas los *bodhisattvas* del budismo y los santos de la cristiandad. Aquí es donde descubres al yo que nunca ha entrado en la corriente del tiempo, el que contiene todo el conocimiento de la persona en la que te estás convirtiendo.

Aunque esta noción de «subir por una escalera cósmica» pueda parecer extraña, por toda Sudamérica existen representaciones de esta escalera sobresaliendo de *kivas* subterráneas y apuntando hacia el cielo. En la tradición inca esta escalera llega a Sirio, la Estrella Perro, y luego penetra en el Mundo Superior. Otra analogía sería llegar a la cumbre de una montaña desde la que puedes contemplar fácilmente el valle y los campos de tu vida que se extienden por debajo de ti con gran claridad (en el próximo capítulo aprenderás más sobre esta quinta capa).

Visita el Mundo Superior ahora

Aunque después de tu muerte podrás visitar los cinco territorios, también puedes hacerlo ahora, en vida, por medio del peregrinaje.

Si viajas al Mundo Superior ahora, podrás pedirles a tus padres celestiales que te recuerden cómo puedes vivir esta vida respetando tu acuerdo sagrado original. Puedes restablecer sus términos originales y ver si hay algo que te gustaría modificar. Puedes pedirles que te guíen a través de un proceso de reflexión para saber hasta qué punto has sido fiel a ese pacto sagrado y cómo has estado a su servicio (o lo has desatendido). Cuando olvidas estos acuerdos sagrados, empiezas a creer que la vida consiste en pasarse sesenta horas a la semana en la oficina y luego discutir con el mecánico porque tu coche tiene un problema de ralentí... Y lo curioso es que sabes bien que nada de esto tiene que ver lo más mínimo con el motivo por el que viniste a este mundo.

Este será el proceso de revisión de tu vida, y tus padres celestiales te ayudarán a encontrar la solución y la expiación para cada uno de los casos en los que te desviaste de los acuerdos sagrados originales. En el proceso, te harán emprender un viaje en pos del sentido y el propósito para el resto de tu vida.

Déjame ofrecerte un ejemplo de mi propia vida que muestra lo extraordinariamente valioso que puede ser este viaje y lo mucho que nuestros padres celestiales pueden facilitar nuestra comprensión. En un peregrinaje, mis padres celestiales me llevaron a encontrarme con mi padre biológico, que había fallecido hacía muchos años. Me encantó ver que no sufría, que se sentía dichoso y que estaba lleno de luz. Me abrazó, me miró a los ojos y dijo:

—Hasta que comprendas por qué naciste hijo mío seguirás viviendo mi vida.

Mi padre era un hombre afable y cariñoso, pero también era un adicto al trabajo que apenas disfrutaba de la vida, de manera que este encuentro hizo que me pusiera a investigar durante tres años el aspecto psicológico de mi familia y su predisposición genética a la salud y la enfermedad. Un día le hablé sobre ese encuentro a uno de mis mentores, que me señaló que estaba cometiendo un error en los signos de puntuación al transcribir las palabras de mi padre me faltaban dos comas. Lo que mi padre me había advertido que debía entender era en realidad esto: «Hasta que comprendas *por qué naciste*, hijo mío, seguirás viviendo mi vida». Al entender esto me dediqué a la búsqueda de mi contrato original para conocer el sentido y el propósito que había elegido para esta vida.

En el Mundo Superior, tendrás la oportunidad de responder por segunda vez a tu llamada original. Como Perceval cuando se encuentra con el viejo eremita en el bosque, se desprende de la armadura y encuentra el castillo del Grial por segunda vez, tú también recordarás por qué naciste y qué viniste a hacer en esta vida. Tu llamada puede ser una vocación espiritual, creativa o de servicio a los demás. Podrías descubrir que eres poeta, escultor, sanador, alguien que puede salvar un río o una especie en peligro, o sencillamente una voz llena de compasión y comprensión para quienes necesitan ayuda.

Cuando aceptes tu acuerdo sagrado, se te mostrarán las posibilidades de tu destino: sus desafíos, sus maravillas, sus misterios y su poder innato. Si cumples este destino, por más desafiante que sea, tras tu muerte llegarás sanado al Mundo Superior y evitarás el sufrimiento de los territorios inferiores, donde el mayor pecado es no haber sido fiel al pacto original de tu alma.

Recuerda: viajas para descubrir lo que es posible para tu alma en esta vida y en la próxima. Viajas para realizar cambios profundos que no pueden llevarse a cabo en los pequeños intervalos de la vida cotidiana. Es imposible que tomes esas decisiones mientras te ves afectado por cómo está hoy el mercado de valores o cómo esperas que esté mañana. No puedes acometerlas mientras vives pendiente de cómo se siente tu esposa hoy o cómo reaccionará si cambias, ni cuando te obsesionas con aquella magnífica oportunidad que dejaste escapar la semana pasada. Las grandes decisiones del alma solo pueden tomarse desde el quinto mundo, mientras examinas tu destino y lo expresas en el presente. En el Mundo Superior seleccionarás tu futuro y todas las encarnaciones futuras venideras.

EL COSTE DE LA TRANSFORMACIÓN

Ahora bien, ten presente que todo tiene un precio, y el «coste total» de esta transformación es que tendrás que reconsiderar tus prioridades y estar dispuesto a realizar cambios fundamentales. Por ejemplo, si eliges el éxito material por encima de la comunión emocional y espiritual con los demás, pagarás el precio de sufrir; por el contrario, si cambias tu vida para orientarla más hacia la espiritualidad y los sentimientos, tendrás que comportarte con una mayor rectitud. No obstante, *siempre tienes una elección*; incluso puedes elegir cómo vivir tu destino.

Puedes elegir esa casa tan grande, ese coche de gama alta y ese puesto en una prestigiosa multinacional; eso sí, tienes que estar dispuesto a pagar el precio. O puedes elegir una vida de amor y servicio, pero no ganarás para lujos... aunque es posible que ni lo notes, porque cuando tu alma se siente bien, te sientes bien con *todo*. Esto es lo que los laika llaman *munay*, o «acción del corazón», porque aquello que haces de corazón apenas llevan karma y no tienes que vender tu alma para conseguirlo.

Esto no quiere decir que no puedas tener éxito material; tan solo significa que los logros mundanos no son la única medida de tu éxito, del mismo modo que rehuir la riqueza material no es la única medida de tu crecimiento espiritual. La siguiente parábola es un claro ejemplo de esto:

Había una vez un monje que vivía junto a un río. Cada día pescaba y le entregaba todo lo que había pescado a los pobres; lo único que dejaba para él era una sola cabeza de pescado para hacer una sopa por la noche. Un día, uno de sus discípulos le dijo al monje que iba a viajar a la montaña sagrada. El maestro no cabía en sí de gozo; le pidió al estudiante que visitara a su viejo maestro para pedirle ayuda y le preguntara por qué se había estancado en su práctica espiritual.

El estudiante se embarcó en su viaje. Cuando llegó a la falda de la montaña sagrada, le preguntó al dueño de una posada:

—¿Dónde vive el maestro?

El posadero le contestó:

—Vive en la cumbre de la montaña. Todas las huertas que ves son suyas. Lo mismo que los rebaños de ganado. Estos campos sembrados de trigo y cebada también le pertenecen.

El viajero se quedó estupefacto al ver que un maestro espiritual tenía tantísima riqueza. Mientras subía la montaña, se detuvo a hablar con uno de los hortelanos, que le confirmó que esas huertas pertenecían al maestro.

Al llegar a la cumbre de la montaña, se encontró con un majestuoso castillo. Llamó a la puerta y la mujer del maestro le recibió. Le ofreció el mejor banquete que había visto en su vida y le dijo que su marido llegaría más tarde.

El maestro llegó al anochecer en una carroza arrastrada por cuatro caballos y atendida por lacayos. Le dio la bienvenida al viajero y preguntó por su viejo discípulo. El viajero dijo:

—Me rogó que le pidiera ayuda. Quiere saber por qué su crecimiento espiritual se ha estancado.

El maestro cerró los ojos durante un momento y cuando volvió a abrirlos dijo:

—¡Ajá! Es porque es demasiado materialista.

El viajero estaba convencido de que el viejo maestro debía de haberse equivocado. Sin embargo, el maestro insistió:

—No. Dile lo que acabo de decirte.

Y, despidiéndose, le deseó un feliz viaje de vuelta.

A su regreso, el viajero se acercó al monje pescador y le dijo:

—Tengo noticias de tu maestro, pero debe haber un error porque me ha dicho que la razón por la que estás estancado es que eres demasiado materialista.

El monje supo enseguida que eso era verdad.

—¡Sí! –exclamó–. ¡Por supuesto!

El viajero estaba desconcertado.

—¿Cómo puede ser verdad eso? –preguntó–. ¡Si das todo lo que tienes!

—Por eso mismo –contestó el monje.– Por la noche, cuando estoy cociendo mi sopa de cabeza de pescado, solo puedo pensar en el resto del pescado.

El maestro, por el contrario, sabía que sus posesiones no lo consumían ni su riqueza tenía nada que ver con quien él era.

Nunca es demasiado tarde

El destino puede llegar a ti de muchas maneras diferentes, incluso al final de tu vida. Por ejemplo, Anne era una diseñadora y artista que tenía un cáncer de hígado muy avanzado. Estaba en un centro para enfermos terminales y le habían dado solo unos pocos días de vida cuando su madre se puso en contacto conmigo.

Cuando conocí a Anne, su piel estaba amarilla por la ictericia, porque su hígado prácticamente había dejado de funcionar, y tenía un dolor y un miedo terribles. Juntos viajamos al Mundo Superior. Allí encontramos a sus abuelos fallecidos que la tomaron de la mano y le aseguraron que no había nada que temer y que estarían allí para ayudarla a pasar al mundo espiritual y regresar a casa. Luego conoció a sus padres celestiales, dos seres de luz que la abrazaron y le dijeron que no tuviera miedo. Inmediatamente Anne reconoció a uno de ellos como su mentor espiritual, Swami Muktananda (un maestro indio que murió en 1982), que le explicó que su trabajo todavía no había acabado. Al volver de este viaje, Anne tenía una sonrisa en la cara y me explicó que ya no estaba asustada.

A través de una curiosa serie de coincidencias, terminé teniendo en las manos el bastón de Muktananda. Llevaba grabado el ojo de la pluma del pavo real, el símbolo hindú de la gracia, que el *swami* había adoptado como símbolo personal. En mi siguiente visita a Anne, le llevé el bastón y le dije que había ayudado a un gran hombre a caminar en esta tierra y que la ayudaría a ella a cruzar a la próxima. Desde entonces, Anne tuvo el bastón a su lado en todo momento.

A los pocos días, la ictericia empezó a desaparecer y le dieron el alta en el centro de enfermos terminales. Una semana después me explicó que su dolor había disminuido y su energía estaba volviendo, pero que se sentía agotada de sanar a los miembros de su familia que habían venido de todos los rincones del país para estar con ella. Durante los últimos días, el trabajo de Anne había consistido en conseguir que familiares que llevaban años sin hablarse se perdonaran e hicieran las paces.

Dos semanas más tarde, su madre me llamó para contarme que las mariposas monarca estaban posadas en los arbustos junto a la terraza de Anne.

—Han venido a por ella —me aseguró. Y esa noche, Anne expiró pacíficamente.

Esta maravillosa chica me enseñó que mientras vivimos en un cuerpo estamos sujetos a las leyes de la biología, es decir, solo podemos instalar en la línea de nuestro destino aquello que es permisible en nuestro universo (por ejemplo, no pudimos encontrarle un nuevo hígado a Anne). Sin embargo, viviendo bajo las leyes de este universo podemos cambiar muchas cosas. Los milagros existen, pero solo cuando vamos a buscar los dones espirituales del Mundo Superior.

Anne recuperó su acuerdo del alma original de sanar a sus seres queridos y fue capaz de viajar hasta su maestro. Como mencioné antes, cuando encuentras tu acuerdo del alma original y organizas tu vida a su alrededor, el universo conspira para apoyarte, lo mismo que hizo con Anne. Tuvo el tiempo suficiente para conseguir lo que necesitaba hacer en este mundo antes de pasar al siguiente.

ORIENTACIÓN PARA TU VIAJE

En el siguiente ejercicio viajarás al Mundo Superior, donde encontrarás a tus padres celestiales y les pedirás que te revelen tu acuerdo del alma original. En este primer viaje, hazles una pregunta sencilla, por ejemplo: «¿Cómo puedo servir a los demás?» o algo específico sobre un proyecto o una relación. Evita preguntas más generales, como: «¿Qué debería hacer con el resto de mi vida?». Habrá tiempo, en posteriores viajes, para estas preguntas más amplias cuando llegues a conocer mejor el territorio del Mundo Superior.

Ahora mismo tu trabajo es estar abierto a las posibilidades de tu destino, sea cual sea, y recuerda que solo puedes obtener lo que es permisible en nuestro universo. Esto podría sorprenderte o incluso dejarte atónito porque la realidad es incluso más extraña que la ficción. Aun así, todos tenemos posibilidades y capacidades mayores de lo que soñamos.

Antes de dejar el Mundo Superior, invocarás un animal de poder cuyo instinto y cualidades te guíen a tu destino. Aunque servirá para una función parecida a la del que recibiste en el Mundo Inferior, el espíritu animal que has recibido del Mundo Superior suele ser casi siempre una criatura alada, como un halcón, una paloma o un águila. Te mostrará tu visión y te descubrirá la capacidad de ver tu vida en perspectiva.

EJERCICIO: VIAJE AL MUNDO SUPERIOR

Prepárate para este viaje abriendo un espacio sagrado. Realiza el ejercicio de la pequeña muerte y luego declara en silencio tu intención en este viaje: que te gustaría conocer a tus padres celestiales. Imagina que hay un árbol delante de ti, un árbol cuyas raíces se hunden en lo más hondo de la tierra, cuyo tronco es amplio y espacioso y cuyas ramas se extienden hasta los cielos. Manda tu cuerpo luminoso al interior del tronco de este árbol. Siéntete dentro de él, sostenido por su abrazo, la savia fluyendo a través de ti al subir desde las raíces y hasta las ramas. Deja que la savia te lleve a las ramas superiores y llega a un lugar sobre las nubes.

Mira a tu alrededor. Estás sobre una nube sólida y puedes ponerte de pie y caminar con seguridad. Ahora llama al guardián: «Guardián del Tiempo que Vendrá, tú que haces girar las estrellas en sus órbitas, permíteme entrar en tus dominios». Observa cómo el guardián se aproxima y te recibe. Míralo a los ojos y vuelve a declarar tu intención.

Pídele al guardián que te lleve con tus padres celestiales. Presta atención a cómo se aproximan dos luces desde la distancia y se dirigen a ti. Salúdalos, estos son tus padres luminosos, arquetipos libres del tiempo y de la forma. Siente cómo te saludan, diciendo: «Bienvenido a casa, hijo mío, todo está bien».

Pregúntales a esos seres: «¿Quiénes sois? ¿Sois mis padres celestiales?» y «¿Qué relación tenéis conmigo?».

Al comunicarte con estos seres luminosos, nota cómo tus pensamientos y los suyos se vuelven uno. No hay separación entre vosotros. Cualquier cosa que pienses, la perciben al momento y por completo. Cualquier cosa que piensen ellos, la percibes en su totalidad.

Pídeles que te recuerden el acuerdo sagrado original que firmaste antes de venir a esta vida. Pregúntales por qué elegiste a tus padres, el lugar donde naciste y las circunstancias de tu nacimiento. Pídeles a estos seres que te recuerden el acuerdo que alcanzaste con el Espíritu antes de nacer: ¿qué viniste a experimentar, explorar, aprender y servir?, ¿hasta qué punto has sido fiel a este acuerdo?, ¿cómo podrías restituir sus términos originales?

Recordando tu acuerdo sagrado, sigue a los dos seres de luz hasta una gran escalera que se apoya en las nubes. Observa cómo el extremo superior de la escalera se extiende por encima de los cielos y síguelos a este quinto mundo, al lugar de tu comienzo. Mira a tu alrededor: hay ciudades de diamante, pueblos de cristal, de tierra virgen y ríos impolutos. Pídeles que te muestren la línea del destino para que puedas traer el bien superior y prestar el mayor servicio a la totalidad de la vida. Puede que percibas esto como un sentimiento, sensación o imagen, o como palabras. Pero lo importante es percibirlo con el corazón y con el alma.

Una vez que hayas percibido este destino superior, pregunta cuál puede ser tu próximo pacto sagrado. ¿Incluye tus aspiraciones y anhelos más hondos? Pregunta a tus padres celestiales qué es lo que te comprometes a aprender, amar y experimentar.

Recuerda que puedes negociar los términos de este nuevo acuerdo.

Ahora empieza a bajar la escalera y regresa al cuarto mundo. Si quieres, dedica unos momentos a visitar la morada de tus ancestros para asegurarte de que están bien. Cuando hayas terminado, dales las gracias a tus padres celestiales, que te estarán esperando cuando regreses tras tu muerte. Agradéceles que te hayan ayudado a recordar tus acuerdos sagrados. Y agradéceles que te hayan permitido volver a llevar a tu corazón el destino que acabas de recuperar.

Mientras te preparas para dejar el Mundo Superior, dale las gracias al guardián e invoca un espíritu animal alado para que te acompañe. Siente cómo te envuelve con sus alas, abrazándote suavemente. Ten presente que está aquí para guiarte y protegerte.

Con tu espíritu animal, atraviesa las nubes y llega hasta las ramas más altas del gran árbol, que van volviéndose cada vez más gruesas, y desciende por ellas, permitiendo que la savia te vuelva a llevar al interior del inmenso tronco. Siente cómo el espíritu animal viene contigo, volando a tu alrededor mientras desciendes. Sal del árbol y vuelve a tu habitación y a tu cuerpo.

Siente cómo el espíritu animal revolotea a tu alrededor. Míralo profundamente a los ojos: ¿de qué color son? Siente sus garras. Extiende *las manos y lleva a este animal alado a tu séptimo chakra en forma de energía. Siente cómo extiende sus alas dentro de tu corazón.*

Regresa a tu mundo, aportando lo que has recuperado, recordando quién eres, de dónde procedes y lo que viniste a experimentar aquí. Lleva esta intención en tu corazón con pureza y compasión. Respira profundamente, abre los ojos y cierra el espacio sagrado.

EJERCICIO: DIÁLOGO CON TUS PADRES CELESTIALES

Después del peregrinaje, utiliza tu diario para entablar un diálogo con tus padres celestiales y aprender los dones de tu animal de poder alado, si lo deseas, del mismo modo en que lo hiciste con las partes perdidas de tu alma y con tus animales de poder del Mundo Inferior. El propósito es crear un diálogo continuo con estos seres arquetípicos mientras te revelan sus energías. Pide conocer sus lecciones y escuchar su voz.

Empieza por crear un espacio sagrado y traza una línea vertical en el centro de una página en blanco de tu diario. En un lado le estarás haciendo las preguntas a uno de tus padres celestiales o a tu animal alado de poder; en el otro, escribirás sus respuestas. Comienza preguntando cosas sencillas, pero dedícale a este ejercicio el tiempo suficiente para que surja un diálogo profundo antes de cerrar el espacio sagrado.

Repítelo para aprender todo lo que tengan que enseñarte. Es preferible dialogar con tus padres celestiales y tu animal de poder en ejercicios separados para que las voces no se estorben unas a otras. Lo ideal es que recibas su sabiduría sin la sensación de que hay más información de la que puedes absorber: empieza sosteniendo este diálogo con tus padres celestiales. Hazles preguntas como: «¿Qué es lo que vine a experimentar y sentir en este mundo?», «¿Qué lecciones he aprendido por medio del sufrimiento que podría haber aprendido con el amor?», «¿Qué lecciones me quedan por aprender?» y «¿Qué dones he venido a expresar?».

Cuando hayas terminado, repite este ejercicio con tu espíritu animal.

⌗ ⌗ ⌗

En tu diálogo con tus padres celestiales recuerda que el mero hecho de que hayas abrazado un nuevo destino no significa necesariamente que seas consciente de todas sus implicaciones. A la comprensión le sigue la sanación: la mente entiende las cosas mucho después que el corazón y el cuerpo. Pero aunque aún no lo hayas entendido, tu cuerpo tendrá una referencia, por lo que serás capaz de encontrar este destino en tu corazón, y esto te guiará a su cumplimiento.

De este viaje surgirá un conocimiento: comprenderás, consciente o inconscientemente, que en tu hebra del tiempo futuro se ha trazado un destino superior. Solo has de caminar hacia él. Ya no tendrás que pasar por todas esas decisiones, alternativas y opciones que te llenan la mente de confusión, sino que podrás dejarte guiar por una elección de tu alma que has recuperado. Tu esencia sabrá y recordará, y te ayudará a entregarte de lleno a esta nueva senda.

EJERCICIO: ERIGIR UN ALTAR

En las sociedades tradicionales tras los primeros viajes para conocer a los ancestros se suele erigir un altar en su honor. Aunque, por lo general, los antropólogos hablan de «adoración a los ancestros», en realidad se trata de algo muy diferente. Erigir un altar es una forma de honrar y recordar a tus antepasados, y una manera de hacer las paces con ellos.

Les levantas un altar a los ancestros para que tengan un lugar y para que tú sepas dónde están. ¡Después de todo, no te gustaría que corrieran descontrolados por tu vida! Una paciente me contó que un familiar suyo que murió en un accidente de automóvil se «mudó» a su coche. Cada vez que iba a algún sitio con el coche, sentía la presencia de este familiar en el asiento trasero. Una vez que le construyó un altar, el familiar fallecido encontró un lugar de paz y descanso.

Para construir un altar para honrar a tus antepasados y recordarlos, coloca en un estante, quizá sobre un paño que tenga un valor especial para ti, las fotografías de tus familiares que ya han vuelto al Espíritu. Enciende una vela en su honor en el aniversario de su muerte y recuerda que siguen viviendo, aunque ya no están con nosotros. En otras ocasiones puedes quemar incienso o rezar pidiendo que brinden paz y protección a tu hogar.

✲ ✲ ✲

En el próximo capítulo aprenderás a despejar el túnel de inercia de tus vidas pasadas. Ayudarás a tus vidas anteriores, que siguen existiendo en el Eterno Ahora, a elevarse hacia la consciencia y la paz en el quinto nivel, liberándote así de su karma.

✲ ✲ ✲

CAPÍTULO DOCE

DESARROLLAR UN CUERPO NUEVO

Mi mentor me planteó un desafío: «¿Cómo aplicas la mecánica cuántica a la vida cotidiana? ¿La teoría cuántica te enseña a caminar sobre la tierra? ¿A cambiar el tiempo?».

El secreto se desprende del dominio de la invisibilidad y del tiempo. No es el secreto en sí lo que es importante sino tu capacidad de mantener este secreto; es cómo lo guardas. Conocerlo es como conocer el futuro, y solo aquellos que entienden que el tiempo gira como una rueda pueden conocer el futuro sin que eso los desequilibre. Si tu fe en la realidad se basa en la creencia de que el tiempo se mueve solo en una dirección, experimentar el futuro destruirá los cimientos de tu fe. Esto no le preocupa al chamán, porque él no necesita fe, tiene experiencia. Aun así, hace falta una gran habilidad para conocer el futuro y no permitir que tu conocimiento estropee tus acciones o tu propósito.

DEL DIARIO DE ALBERTO[1]

Louis Pasteur, el científico francés del siglo XIX que desarrolló la teoría de los gérmenes, sostenía que la razón por la que enfermamos es que los microbios invaden nuestro cuerpo, una vez que atraviesan la barrera protectora de la piel (o la membrana mucosa) y llegan a los senos paranasales o a los pulmones, contaminan nuestro organismo. Sin embargo, Antoine Beauchamp, un contemporáneo de Pasteur, no estaba de acuerdo con esta teoría.

La hipótesis de Beauchamp era que los gérmenes están presentes en todas partes, continuamente, y que es el entorno interno del cuerpo (algo que más tarde se conocería como el *sistema inmunitario*) lo que determina lo vulnerables que podemos ser a una enfermedad. Observó que las moscas se sienten atraídas por la basura porque les ofrece un lugar para alimentarse, pero que ciertamente no *causan* esa basura; de hecho, sin ella, seguirían revoloteando hasta encontrar otro lugar para darse un festín. Esto mismo se puede decir, razonó, del cuerpo humano: debe de haber alguna afección inherente que les permita a los microbios cebarse en nosotros y causar enfermedad o molestias. Por eso, es correcto considerar a Beauchamp «el padre de la moderna medicina naturópata» cuyo objetivo es desarrollar un sistema inmunitario fuerte para que el cuerpo no enferme, independientemente de lo que haya en la atmósfera.

Hacia el final de su vida Pasteur abandonó su postura inicial y convino en que en realidad la clave de la enfermedad se encontraba en el entorno interior del cuerpo. Sin embargo, a pesar de su cambio de parecer, la teoría de los gérmenes ha predominado hasta nuestros días. Esta teoría dio lugar a la pasteurización, una manera de usar el calor para matar las bacterias de los alimentos (por ejemplo, hoy día solo bebemos leche pasteurizada), y al desarrollo de antibióticos para atacar y matar a las bacterias invasoras del cuerpo. Por desgracia, los antibióticos han provocado involuntariamente el desarrollo de cepas resistentes de bacterias que se adaptaron para evitar ser destruidas y que solo las fórmulas más potentes consiguen eliminar. Cuando se introdujeron los antibióticos durante los años cuarenta del pasado siglo, el cien por cien de los estafilococos respondía al tratamiento antibiótico; en la actualidad el veintiséis por ciento de las infecciones causadas por estafilococos es resistente a cualquier forma de antibióticos, y las infecciones relacionadas con estas bacterias que se contraen en hospitales son una de las causas principales de fallecimiento en Estados Unidos.

A medida que inventamos fármacos cada vez más fuertes creamos bacterias cada vez más resistentes. Es dudoso que sigamos encontrando nuevos antibióticos más potentes que el cuerpo pueda tolerar, de manera que, por ahora, el marcador queda como sigue: «Gérmenes: 1; Humanos: 0». De hecho, estamos agotando nuestro arsenal antibiótico, con lo cual cada vez nos encontramos más cerca del final de la medicina antimicrobiana tal y como la conocemos.

EL MODELO PARA SANAR

Al contrario que la medicina occidental con su énfasis en destruir microbios y células cancerosas, hay una antigua escuela de pensamiento que afirma que lo que determina tu salud es mantener una relación apropiada con la naturaleza. Para los laika no existe diferencia entre perder la vida por un microbio o por un jaguar. Mientras que en Occidente creemos que lo primero es una enfermedad y lo segundo un accidente, los laika los ven como problemas idénticos que tienen que ver con no vivir en armonía con el mundo natural. Para prosperar debemos tener una buena relación con los microbios y con los jaguares, para que ninguno de los dos nos vea como una presa.

Así que ni estás siempre bajo un asedio continuo, como podrían pensar los seguidores de Pasteur, ni eres invencible en tanto en cuanto cultives un sistema inmunitario resistente, como prescribía Beauchamp. Se trata más bien de que solo eres vulnerable a los ataques de los depredadores cuando no vives en equilibrio con la naturaleza.

A este equilibrio los laika lo llaman *ayni*, que significa «relación apropiada» (es decir, cuando estás en *ayni* coexistes con jaguares y microbios sin convertirte en parte de su cadena alimentari). El origen de *ayni* se encuentra en la mitología de los indios de América, que dice que el universo es benigno y se ordena a sí mismo conspirar a tu favor cuando tienes una relación apropiada con él. En la mitología occidental, aprendemos que vivimos en un universo depredador en el que existe el mal, como una especie de principio independiente contra el que debemos guardarnos con agua sagrada, amuletos, oraciones y vacunas. Para los laika, el mal existe, pero solo en el corazón de los hombres. Toda la creación es benevolente y solo se vuelve depredadora cuando estás fuera de *ayni*.

Cuando enfermamos, el primer paso es volver a *ayni*; de lo contrario, ninguna hierba ni medicamento nos hará el efecto apropiado. Sin embargo, estar fuera de alineamiento con la naturaleza es básicamente la condición del ser humano moderno: hemos envenenado el medio ambiente, talado los bosques, contaminado los ríos, librado guerras contra los microbios y contra otros seres humanos, empujado a la extinción a otras especies con nuestra naturaleza depredadora, y alterado los hábitats naturales para construir centros comerciales. En otras palabras, nos hemos comportado como un parásito que ataca a su hospedador.

Nuestro comportamiento es una forma de matricidio en el que el hijo de la naturaleza (el ser humano) está matando a su propia madre. Para protegerse, la naturaleza está empezando a rechazarnos: las reservas de agua se están secando, nuevas plagas están infectando el planeta y este ha comenzado a respondernos como a una forma indeseable de vida. Vamos camino de convertirnos en una pulga en la cola de un perro, un germen que será aniquilado por el sistema inmunitario del planeta.

Todo esto llega en un momento en el que la medicina se siente con mayor capacidad que nunca por nuestros descubrimientos del secreto de la vida. Cuando James Watson y Francis Crick descubrieron el código del ADN, nos convertimos inmediatamente a una nueva fe científica, y la medicina antimicrobiana fue suplantada por la genética. Ahora creemos que los factores de riesgo heredados de nuestros ancestros por medio de los genes nos predisponen para tener una duración (y una calidad) de vida determinada, nos hacen propensos a ciertas enfermedades y determinan cómo vamos a curarnos y a envejecer. Hemos desarrollado pruebas que nos dicen desde el nacimiento qué riesgos hemos heredado y competimos para encontrar curas en las mismas cadenas de ADN que usamos para predecir nuestro futuro.

Marcadores genéticos, nanotecnología y otras herramientas de la industria de la biotecnología nos prometen vidas más sanas y longevas.

Pero este es solo un nuevo truco para un perro viejo, porque la tecnología sigue buscando formas de arreglar, corregir y matar a un nivel molecular incluso más sutil. Solamente le hemos añadido más precisión y habilidad al ataque, mientras que lo que deberíamos hacer es buscar la armonía con la naturaleza, tanto dentro como fuera.

❀ ❀ ❀

Enseño a mis estudiantes que la evolución se produce *dentro* de las generaciones, no *entre* ellas, como nos cuentan en la biología tradicional. La genética nos dice que somos unos meros portadores en los que nuestros genes se sienten calentitos y a gusto hasta que saltan a la siguiente generación, y que, como mucho, podemos aspirar a aprender a vivir con las deficiencias que hemos heredado.[2]

Sin embargo, para los laika, el modelo para sanar no se encuentra en nuestros genes sino en el *campo de energía luminosa* que envuelve y ordena nuestro cuerpo físico, del mismo modo que un imán ordena las limaduras de hierro sobre un trozo de papel. Este campo de energía ha existido desde el principio del tiempo y persistirá a través del infinito, creando nuevos cuerpos físicos vida tras vida. Forma y moldea nuestro cuerpo y nos predispone para conocer a la gente con la que trabajaremos y con la que nos casaremos, además de las crisis y oportunidades que encontraremos en nuestras vidas. Es lo que en Occidente llamamos «el alma».

Los místicos indios y tibetanos que documentaron la existencia del campo de energía luminosa hace miles de años lo describían como un «aura» o «halo» alrededor del cuerpo físico. En Oriente, se muestra a Buda en imágenes rodeado de bandas azules y doradas de fuego, mientras que en Occidente, Cristo y los apóstoles aparecen con halos dorados alrededor de sus cabezas. Sin embargo, estos campos luminosos no son exclusivos de Buda y de Cristo, ni son solo una metáfora para una «luz interna» o «iluminación»: describen un brillo que todos tenemos. Desgraciadamente para la mayoría de nosotros, esta luminosidad se ha oscurecido debido a nuestro sufrimiento y a traumas del pasado, pero cuando sanemos nuestro campo de energía luminosa con la recuperación del alma, se restaurará nuestra luz y volverá a brillar con un fulgor como el de Cristo o Buda.

Para visualizar tu campo de energía luminosa, imagina una esfera de luz transparente y multicolor que te rodea y tiene el ancho de tus brazos extendidos. Dentro de esta esfera hay una energía viva, tan indispensable para tu salud como el oxígeno y los nutrientes transportados por tu corriente sanguínea, y el más asombroso banco de memoria que jamás haya sido creado por la naturaleza. Al peregrinar para descubrir en quién te estás convirtiendo, tu campo de energía luminosa puede incorporar dentro de sí un modelo del futuro. Así, podrás transformar el campo que te rodea y este desenrollará otra cadena del código de ADN, catalizando el cambio genético dentro de tu propia generación, y les transmitirás esas características nuevas a tus hijos, haciendo evolucionar la especie durante tu existencia y desarrollando un cuerpo nuevo que envejece y sana de una manera totalmente distinta.

EVOLUCIÓN CONSCIENTE

A pesar de la amplia aceptación de las teorías de la herencia genética y la selección natural, los biólogos evolutivos han observado que la evolución funciona dando grandes saltos cuánticos hacia delante, no pequeños pasos de bebé. Se preguntan, por ejemplo, cómo evolucionaron los reptiles para convertirse en aves; después de todo, evidentemente no fue pluma a pluma. Se produjo un enorme salto en el que a las serpientes les aparecieron alas, los dinosaurios se convirtieron en reptiles voladores y las ballenas abandonaron el mar a lo largo de un breve periodo para vivir en tierra (esto es lo que se conoce como el *equilibrio puntualizado*, o periodos largos de estabilidad relativa interrumpidos, o puntualizados, por breves periodos de cambios extremos).

Estos científicos especulan con que la evolución también funciona a través de un proceso conocido como *especiación cuántica*, por el cual un pequeño grupo o la población de una isla darán un salto cuántico hasta el futuro y desarrollará nuevas características biológicas o capacidades tecnológicas. Por ejemplo, el famoso «eslabón perdido» de la evolución nunca se ha encontrado. Esto se debe a que nos convertimos en *Homo sapiens* gracias a unos pocos saltos cuánticos evolutivos en los que se creó por completo un nuevo cerebro (el neocórtex) en el transcurso de un pequeño número de generaciones.

Al mismo tiempo, los cambios surgidos de la especiación cuántica son tan extremos que para que el conjunto de la especie empleara esas nuevas características podrían requerirse miles de años. Por ejemplo, el neocórtex (el cerebro de la ciencia, la música y la literatura), que apareció en los seres humanos hace cien mil años, no se convirtió en un bio-ordenador activo hasta hace relativamente muy poco tiempo.

La especiación cuántica es una manera excelente de describir la técnica que los laika usan para recuperar el destino. Lanzan un gancho al futuro para ver en qué nos estamos convirtiendo como especie y luego recuperan ese conocimiento para enriquecer su campo de energía luminosa y el de los demás miembros de su población.

En la actualidad, la tarea de guiar conscientemente nuestra evolución adquiere una relevancia especial, en particular a la luz de las prácticas médicas que han roto nuestra conexión con la naturaleza. Nos hemos separado de la mano de la selección natural que nos guiaba y hemos empezado a decidir por nosotros mismos como especie. Mientras que la naturaleza y la evolución siempre han eliminado a los miembros más débiles de la especie (por medio de una selección natural), nosotros hemos disminuido espectacularmente los índices de mortalidad, pasando de más del quince por ciento a menos del uno por ciento en Estados Unidos, y salvando así a niños que la naturaleza no habría ayudado a sobrevivir. Aunque para las familias y la sociedad en general esto es maravilloso, salvar las vidas de niños débiles y enfermizos significa que estamos empobreciendo el acervo genético ya que salvamos a individuos que transmitirán sus problemas de salud a su descendencia.

❋ ❋ ❋

Quizá este concepto suena muy esotérico, pero puedes pensar en la evolución consciente en términos más mundanos. Por ejemplo, muchos reconocemos las señales del avance de la edad cuando nos miramos a diario al espejo. Nuestras células de la piel fabrican nuevas copias de sí mismas cada semana; de hecho, cada célula es una copia de la generación anterior que repite todas las instrucciones genéticas de su antecesora. En ocasiones, los biólogos comparan el proceso de envejecimiento de las células a hacer una fotocopia de una fotocopia: cuando llevamos unas noventa y nueve copias, la imagen empieza a volverse borrosa. Llega un momento, cuando te acercas a los cuarenta años, en el que la piel empieza a perder su elasticidad, las patas de gallo se vuelven más pronunciadas y hacen su aparición las primeras arrugas profundas... ¡Si tan solo fuera posible hacer una copia exacta de la imagen original en lugar de copias de copias!

Vemos los efectos de nuestros cuerpos al vivir en el tiempo, y desearíamos salir de él, aunque solo fuera por vanidad. Pero el proceso de envejecimiento lleva implícitas grandes posibilidades. Por ejemplo, ahora mismo no hay una sola molécula de tu cuerpo que vaya a estar ahí dentro de un año, ya que todos los átomos que te componen cambian cada ocho meses. Los alimentos que comes terminan llevando elementos y minerales a tus células por medio de la corriente sanguínea, de manera que lo que eres en este momento fue salmón, maíz, tierra y río hace apenas unos días. En efecto, creas un cuerpo totalmente nuevo cada ocho meses, intercambiando tu estructura molecular con la del mundo que te rodea. En ese tiempo, estas moléculas que están hoy en tu cuerpo serán árbol, tomate y mar. Este es un proceso de renovación celular constante.

Si puedes acceder al plano del ser en quien te convertirás en el futuro, conseguirás que este modelo recree tu cuerpo con el material de construcción de la naturaleza: tierra, aire, fuego, agua y luz. Es como si te descargaras la última versión del *software* de la vida que puede actualizarse automáticamente a diario. De esta manera no tendrás que depender exclusivamente del ADN, el *hardware* que ejecuta las instrucciones genéticas en el organismo. El nuevo programa puede suplir la orientación y la sabiduría del campo de energía luminosa para organizar el cuerpo, basándose en el modelo de aquello en lo que nos estamos convirtiendo como especie.

Tu yo original

En Occidente creemos que la vida está decidida de antemano por la herencia genérica de las generaciones pasadas. Para los laika la evolución es viajar al futuro para ver en lo que nos estamos convirtiendo de manera que podamos traernos ese conocimiento al presente. Los laika siempre han creído que lo que determina nuestra suerte son los recuerdos almacenados en nuestro campo de energía luminosa (el karma de otras vidas anteriores). Esto solo puede sanarse en su totalidad desde el quinto mundo, donde encontramos a nuestro yo original perfecto.

Los cuatro primeros niveles del Mundo Superior representan cuatro fases de conciencia de tu propia naturaleza. En la primera fase percibes a Dios fuera de ti mismo, algo en lo que la mayoría de las religiones coinciden. En la segunda, descubres, a través de un proceso de autoanálisis, que Dios está en ti. Aquí la pregunta clásica es «¿Quién soy?» y, más tarde, «¿quién es el que hace esta pregunta?». En la tercera fase, sientes que Dios actúa *por medio de ti*. Y en la cuarta, descubres que Dios actúa *haciendo de ti*. Dios ya no está actuando a través de ti; solo existe Dios actuando, jugando y rezando.[3]

Al viajar al quinto mundo podrás descubrir tu yo original, así como quién vas a ser tras tu muerte. Este yo puede influirte por encima de tus padres y de tu herencia genética, aportándote la sabiduría de tu yo eterno y permitiéndote acceder a tus posibles destinos (somos la primera especie que es capaz de hacer esto porque tenemos un cerebro lo bastante complejo como para salirse del tiempo). Tu yo original recuerda quién has sido en todas tus anteriores encarnaciones y conoce todos los aspectos, formas e historias de tus existencias previas. Sabe que aunque has vivido todas esas vidas, no eres todas esas personas. Eres mucho más: eres Dios disfrazándose de ti.

Este quinto plano es también el lugar al que acuden los laika para consultar el linaje de los chamanes que los guían a sus destinos. Igualmente te guiarán a ti más allá de tu herencia genética, tus historias ancestrales y personales, tus traumas de la infancia y la cultura y las creencias que influyeron en tu educación. Te guiarán más allá de tus experiencias de vidas anteriores para que encarnes el ser en el que te estás convirtiendo, como individuo y como parte de la especie. En el Ahora Eterno ya eres aquello en lo que te estás convirtiendo, y estos chamanes te ayudarán a comprenderlo. Al contrario que los dominios inferiores del Mundo Superior, que siguen ligados al tiempo, el quinto mundo está completamente fuera de él. Es como si estuvieras sentado a la ribera de un río que fluye en todas las direcciones y pudieras observar todos los futuros que giran junto a ti.

DESPEJAR EL TÚNEL DE INERCIA

En la sección de ejercicios que viene a continuación, tu yo original te ayudará a despejar el túnel de inercia de tres vidas anteriores, liberándote del sufrimiento que sigue formando parte de ti hoy día —aspectos de ti mismo que se encuentran atrapados energéticamente en las capas inferiores del Mundo Superior—. Cuando sanes estas vidas anteriores, dejarán de apremiarte e impulsarte hacia destinos establecidos de antemano. Limpiarás tus líneas kármicas de reencarnación y frenarás su impulso de manera que consigas liberarte de los guiones inútiles y perjudiciales que acarrean y que extrajeron de tu historia.

Para drenar la energía del túnel de inercia debes liberar tus yos pasados de su sufrimiento. Esto impedirá que te hagan ser quien eres hoy en día y que te predispongan a vivir, envejecer, amar, sanar, enfermar y morir tal y como lo hiciste en el pasado. De esta manera descubrirás que lo que determina la salud, la longevidad, las enfermedades, el sufrimiento, la dicha y el amor que experimentas en tu vida no son tus genes ni los gérmenes que te rodean sino la historia de tu alma... y su viaje.

El trabajo de este capítulo requiere cierto grado de sofisticación emocional y espiritual. Durante la recuperación del alma aprendiste a sanar tu pasado y a entender las historias que viven en ti, pero ahora vas a llegar a entender que tú no eres tus historias, lo mismo que el carpintero no es la silla que construye. Pero solo puedes llegar a comprenderlo de verdad una vez que te has embarcado en tu propio viaje de sanación.

Pedirás que te muestren la vida en la que sufriste más, aquella en la que tenías el mayor conocimiento y poder pero no supiste sacar partido de tus dones y aquella en la que tuviste más sabiduría y usaste bien tus dones. Y al contemplar estas vidas pasadas, drenarás su energía de una en una. Lo harás incluso con la vida en la que usaste bien tus dones, porque ni siquiera entonces estabas más desarrollado espiritualmente de lo que lo estás ahora, ya que cada reencarnación es progresiva, no regresiva, es decir, no te has quedado por detrás de esa vida de sabiduría, y ahora podrás avanzar todavía más.

Te preguntarás por qué debes visitar solo tres de tus vidas anteriores en lugar de la totalidad. Lo cierto es que no es necesario que visites todas y cada una de ellas, ya que al trabajar en el Eterno Ahora, es suficiente con visitar únicamente estas tres y ayudarlas a volver a casa con tus padres celestiales. Cuando lo hagas, quedarás libre de su karma, y el efecto se extenderá hacia atrás como una ola, limpiando *todas* tus vidas anteriores.

Recuerda que en el Eterno Ahora tienes múltiples vidas simultáneas que no son secuenciales, es decir, quien fuiste hace dos mil años y el bardo o purgatorio en el que entraste tras esa muerte los siguen experimentando estos antiguos yos y continúa dando forma sutilmente a tu vida actual. Para los laika y los físicos, el tiempo corre de una manera lineal y no lineal (o concurrente). Asimismo, podemos pensar que estos antiguos yos son recuerdos o incluso genes (la manera en la que nuestros ancestros «viven» en nosotros) que continúan formando parte de quienes somos.

Cuando Lisa vino a verme, por ejemplo, estaba enferma de cáncer y tenía un catéter que le administraba quimioterapia en el pecho. Recordarás que en su Sala de las Heridas, descubrió una estatua con un cuchillo clavado en el corazón, tras lo cual pasó muchos meses trabajando con su parte del alma sanada y con sus nuevos acuerdos del alma. Más tarde, viajamos juntos al Mundo Superior para rastrear un destino alternativo al que estaba viviendo en la actualidad. Allí encontramos a su yo original, que nunca había sido tocado por la enfermedad ni por los achaques. A Lisa se le mostró toda su línea de vida, y entendió que había estado hiriendo su corazón una y otra vez.

Su yo original empezó a darle forma a su destino y así logró sanar tanto sus síntomas como su predisposición genética al cáncer. Una gran parte de su sanación fue que consiguió desprenderse del miedo —después de todo, su yo original había sabido siempre que eso que llamamos muerte no existía—. Lisa desarrolló un cuerpo totalmente libre de cáncer y en la actualidad goza de mejor salud que nunca. Se ha convertido en una activista dedicada a conservar el medio ambiente y en pintora; ambas actividades eran destinos que estaban inscritos en su acuerdo del alma original con el Espíritu.

※ ※ ※

Ha llegado el momento de hacer un peregrinaje al Mundo Superior. Cuando encuentres a tus padres celestiales, les pedirás que te guíen a subir la escalera que va del cuarto al quinto nivel del Mundo Superior. Este nivel es tu destino definitivo, el mundo de tu porvenir: tu noveno chakra o Espíritu.

EJERCICIO: VIAJE AL QUINTO PLANO

Prepárate para este viaje abriendo un espacio sagrado. Realiza el ejercicio de la pequeña muerte y luego, en silencio, declara tu intención para este viaje: sanar tus yos anteriores y descubrir tu naturaleza original. Permanece abierto a las posibilidades de tu destino, sea cual sea. Sigue el viaje al Mundo Superior como hiciste en el capítulo anterior, enviando tu cuerpo luminoso al interior del tronco de un árbol grande y llegando a un lugar sobre las nubes en los niveles más sutiles y elevados de la atmósfera.

Estás sobre una nube sólida en la que puedes ponerte de pie y caminar con seguridad. Ahora llama al guardián, el Señor del Tiempo, y pídele que te permita entrar en su territorio. Míralo a los ojos y comunícale tu intención: estás aquí para encontrar a tu yo original. Llama a tus padres celestiales y pídeles que te ayuden a encontrar quién eras antes de nacer, antes de entrar en la corriente del tiempo. Te acompañarán a la escalera que te lleva al quinto mundo, donde encontrarás a tu yo original.

Disfruta unos minutos de la presencia de tu yo original. Ríete con ganas del secreto que te has ocultado incluso a ti mismo y que olvidarás a propósito en cuanto salgas de aquí: que eres Dios disfrazado de ti.

Pídele a tu yo original que te lleve a un estanque de aguas claras y poco profundas. Mira la arena blanca del fondo y pídele a tu yo original que sople sobre la superficie del agua e invoque la vida en la que más sufriste. Mira cómo las ondas empiezan a formarse y a revelarte las imágenes de esa vida... ¿Eres un chico o una chica? ¿De qué color es tu piel? Mira a tus pies: ¿estás caminando sobre hierba, arena o guijarros? ¿Dónde está tu hogar? ¿Quiénes son tus padres? ¿Cómo jugabas? ¿Dónde está tu pueblo o tu ciudad? ¿Quiénes son tus seres queridos? ¿Cómo creciste? ¿Por qué sufrías? ¿Con quién estabas casado? ¿Tenías hijos, y si es así, quiénes eran? ¿A qué ser querido perdiste? ¿A quién hiciste daño? ¿Traicionaste a alguien? ¿Quién te hirió? ¿A quién no perdonaste? ¿De qué manera no te perdonaron? ¿Cómo fue tu muerte?

Pide que te lleven a los últimos cinco minutos de esa vida para verte en tu lecho de muerte. Fíjate en quién está contigo: ¿alguien te daba la mano?

¿Quién te perdonó? ¿A quién perdonaste? Y luego ayuda a ese yo que eras tú, pero que ya no eres, a morir en paz y en perdón.

Ahora respira profundamente y dile a este yo que eras tú que inspire hondo y exhale y que libere su espíritu. Dile: «Está bien, mi amor. Es el momento de regresar a casa, querido. Todo está perdonado». Observa esa sensación de paz y tranquilidad que se refleja en este yo que un día fuiste tú al exhalar su último aliento. Sigue su alma cuando esta sale de su cuerpo y flota sobre él un instante, y luego desaparece por el túnel oscuro de la muerte hasta el cuarto nivel del Mundo Superior. Fíjate en cómo se encuentra allí con tus padres celestiales, que la reciben al volver a casa, sabiendo que todo ha sido perdonado.

Observa cómo las imágenes se disuelven en las arenas del tiempo en el fondo del estanque de los recuerdos y el agua comienza a volverse clara como un cristal una vez más. Inspira profundamente y mira a los ojos de tu yo original mientras le das las gracias.

⁂ ⁂ ⁂

Ahora, pídele a tu yo original que vuelva a soplar sobre el estanque de los recuerdos y a invocar esa vida en la que tuviste el mayor conocimiento y poder pero usaste mal ambos dones porque no sabías utilizarlos adecuadamente. Contempla cómo las ondas empiezan a formarse y a revelarte las imágenes de esta vida...

¿Eres un chico o una chica? ¿De qué color es tu piel? Mira tus pies: ¿estás caminando sobre hierba, arena o guijarros? ¿Dónde está tu hogar? ¿Quiénes son tus padres? ¿Dónde está tu pueblo o tu ciudad? ¿Cómo creciste? ¿A quién amabas? ¿Cómo amabas? ¿Cuáles eran tus dones? ¿Quién te enseñó? ¿Qué aprendiste? ¿Cómo desaprovechaste tu conocimiento? ¿Cómo abusaste de tu poder? ¿A quién heriste o traicionaste?

Pide que te lleven a los últimos cinco minutos de esa vida para verte en tu lecho de muerte. Fíjate en quién está contigo: ¿alguien te daba la mano? ¿Quién te perdonó? ¿A quién perdonaste? Y luego ayuda a ese yo que eras tú, pero que ya no eres, a morir en paz y en perdón.

Dile: «Está bien, mi amor, todo está perdonado, no tienes por qué preocuparte. Ven a casa, cielo». Observa esa sensación de paz y tranquilidad que se refleja en su rostro. Y ayúdale a exhalar su último aliento. Inspira profundamente y exhala, suelta el aliento y al espíritu con él, y síguelo mientras regresa a casa con tus padres celestiales.

Observa cómo las imágenes vuelven a disolverse en las arenas del tiempo en el fondo del estanque de los recuerdos y el agua comienza a volverse clara como un cristal una vez más. Inspira profundamente y mira a los ojos de tu yo original mientras le das las gracias.

Pide ver solo una vida más, una en la que gozaste de la mayor sabiduría y la usaste apropiadamente para servir a los demás. Empieza por los pies: ¿llevas sandalias o zapatos? ¿De qué color es tu piel? ¿Qué edad tienes? ¿Eres un chico o una chica? ¿Dónde vives? ¿Quiénes son tus padres? ¿Qué aprendiste? ¿Cuáles son tus dones? ¿Quién te enseñó? ¿Cómo usaste tu conocimiento? ¿Cómo serviste? ¿Cómo amaste? ¿Cómo viviste? ¿Qué huella dejaste en el mundo? Ahora solicita que te lleven a los últimos cinco minutos de esa vida.

Ayuda a este yo a respirar por última vez: inspira profundamente y exhala, suelta el aliento y el espíritu con ese aliento y sigue a tu alma mientras esta regresa a casa con tus padres celestiales, mientras se eleva de este cuerpo y flota sobre él un instante y desaparece por el túnel oscuro de la muerte hacia el cuarto nivel del Mundo Superior. Contempla cómo la reciben tus padres celestiales y le dan la bienvenida.

Observa cómo las imágenes vuelven a disolverse en las arenas del tiempo en el fondo del estanque de los recuerdos y el agua comienza a volverse clara como un cristal una vez más. Inspira profundamente y mira a los ojos de tu yo original mientras le das las gracias.

❋ ❋ ❋

Una vez que hayas ayudado a estas tres vidas anteriores a encontrar la paz y el perdón, vuelve a darle las gracias a tu yo original. Promete que siempre sabrás quién eres, incluso mientras desciendes al cuarto nivel y tu mente consciente olvida, para que Dios se conozca a sí mismo a través de ti.

Ahora vuelve a tus padres celestiales y síguelos bajando por la escalera hasta el cuarto nivel del Mundo Superior. Si quieres, dedica unos momentos a visitar de nuevo el hogar de tus antepasados, y ten presente que están bien, que están en paz. Cuando hayas terminado, dales las gracias a tus padres celestiales.

Mientras te preparas para abandonar este mundo, dale las gracias al guardián. Atraviesa las nubes y llega a las ramas superiores del gran árbol, desciende por ellas y vuelve a la habitación y a tu cuerpo mientras invocas a tu animal alado de poder para que te acompañe.

Regresa a tu mundo, llevando contigo el conocimiento de cómo puedes poner tu yo original al servicio de la Tierra. Cierra el espacio sagrado.

Cuando realices este ejercicio con regularidad, modificarás la información de cada una de las células de tu organismo, transformando tu ADN y permitiéndote desarrollar un cuerpo sin edad, que se mantenga ágil y flexible y que no necesite enfermedad y sufrimiento para aprender sus lecciones en este mundo. Practica este peregrinaje a diario como parte de tu meditación y mantén esta intención en tu corazón con pureza y compasión.

CREA EL MUNDO CON TUS SUEÑOS

Nuestro destino siempre está disponible para nosotros. Cuando reconozcamos y abracemos nuestro yo eterno, podremos crear nuevos cuerpos y destinos, que servirán al conjunto de nuestra especie. En otras palabras, cuando sanemos, el mundo sanará con nosotros; cuando cambiemos, el mundo cambiará. La humanidad dejará de estar guiada por la fuerza del karma y empezará a liberarse de lo que nos mantiene ligados a la lucha y el conflicto, y finalmente evolucionaremos para convertirnos en el *Homo luminous*.

Los ancianos incas, hopi y mayas se sientan a meditar, visualizan el mundo que quieren dejar en herencia a sus nietos: un mundo en el que los ríos y el aire estén limpios, haya alimento para todos y las personas vivan en paz unas con otras. Peregrinan por nuestras hebras de tiempo colectivas para encontrar un futuro más armonioso. Este no es el futuro probable, ese futuro que ellos ya conocen, lleno de polución, devastación y guerra. Lo que están rastreando es un futuro posible, no importa lo improbable que sea, en el que la gente viva en un estado de armonía con la naturaleza y en paz unos con otros. Los sabios de la antigüedad denominaban a esto «crear el mundo con nuestros sueños».

Esta es nuestra tarea principal en este momento: mirar por una rendija el futuro para descubrir lo que llegará a ser nuestra especie dentro de diez mil años y traernos esa visión al presente para enriquecer con ella a la persona en la que nos estamos convirtiendo hoy. De esta manera podemos participar conscientemente en nuestra propia evolución y desarrollar cuerpos que envejecen, sanan y mueren de manera diferente.

Podemos liberarnos de la suerte, que afirma que somos el resultado de acontecimientos que sucedieron cuando teníamos doce años (o incluso hace doce *vidas*) o que los genes que heredamos de nuestros padres están esperando para expresarse en forma de una enfermedad grave. Cuando rastreamos nuestros destinos, podemos ser la persona en quien nos estamos convirtiendo, no quien hemos sido.

Esta es tu tarea hoy. Recuerda: *tú* eres el que estabas esperando.

✳ ✳ ✳

EPÍLOGO

El Altiplano, la vasta tundra que se extiende desde Cuzco hasta el lago Titicaca, el mar en el techo del mundo. Al oeste se precipita abruptamente hasta el Amazonas, la selva húmeda en la que la vida sigue evolucionando y mutando. Allí la naturaleza es la conjugación del verbo *comer*. Es el lugar donde una vida depende de comerse a otra vida, y la vida y la muerte están entrelazadas y son inseparables.

Sin embargo, existe otra manera de vivir: nuestra senda espiritual, en la que la vida es la conjugación del verbo *crecer*. Recuerdo cuando mi mentor inca me dijo que estamos aquí no solo para cultivar maíz sino también para cultivar dioses.

Nos encontramos en el proceso de convertirnos en dioses. Empezamos como luz del sol, y ahora nuestra especie es capaz de soñar, de unir genes y de tomar parte directamente en la alquimia de la vida. Disponemos de un cerebro que nos permite hacerlo, experimentar la consciencia misma. Ahora tenemos que desentumecer el músculo de nuestra consciencia para crear el mundo con nuestros sueños, visualizar los seres en los que nos estamos convirtiendo y rastrear el destino colectivo de nuestra especie.

Me agacho para ajustar los cordones de mis botas. La tierra es rocosa y dura, helada a unos pocos centímetros bajo el suelo. A cuatro mil doscientos metros el sol calienta únicamente la capa más superficial de la tierra. Mi bota descansa junto a un diente de león; la flor amarilla está cerca del suelo: se ha adaptado a la altitud prescindiendo de su tallo para que el viento no la dañe. El cerebro de Dios... Estoy convencido de que esa meditación es el método que los sabios de Oriente emplearon para acceder al poder de este cerebro. Nosotros, los occidentales, lo utilizamos solo como un modo de alcanzar la relajación. Para los laika, meditar es viajar; se trata del primer paso para acceder a lo divino dentro de la naturaleza y dentro de nosotros. En el Eterno Ahora, el destino cuelga como una fruta madura para que la recojamos. Esta es la fruta del segundo árbol del Edén, la fruta de la vida eterna.

Voy caminando de vuelta al Edén. La energía que penetra en la tierra desde el sol me recorre como la sangre que fluye por mis venas. Alzo la mirada a las montañas lejanas, a mi destino, a la cabecera del Amazonas, al manantial de su nacimiento.

DEL DIARIO DE ALBERTO[1]

#* #* #*

AGRADECIMIENTOS

Muchas personas han contribuido a la creación de este libro. Ante todo me gustaría dar las gracias a Susan Emerling y Greg Zelonka, sin los cuales esta obra no habría nacido nunca. Y a mis editoras, Nancy Peske, Jill Kramer y Shannon Littrell, que dieron forma y vida al manuscrito.

Asimismo, me gustaría expresar mi agradecimiento a Reid Tracy, presidente de Hay House, por su visión de lo que este libro podría llegar a ser; a mis asistentes, Rhonda Bryant y Ranni Weiss, por pasar a limpio diligentemente el manuscrito una y otra vez, y a mis amigas Sally Nelson, Naomi Silverstone, Amanda Anderson, Susan Reiner, Lynn Berryhill y Helen Fost, por revisar y comentar el libro una vez que este tomó forma. Estoy agradecido a Ellen Ostroth por las semanas que pasó recopilando casos de recuperación de almas de nuestros estudiantes y a Marcela Villalobos por su cariño y por su afectuoso aliento.

Por último, me gustaría dar las gracias a Linda Fitch por su apoyo a la visión de The Four Winds Society y por estar incondicionalmente a mi lado ayudándome a enseñar a los estudiantes a dominar las prácticas de la recuperación del alma y del destino. Este es nuestro libro.

NOTAS

Capítulo cinco
1. Todas las entradas del diario con notas al pie de página pertenecen a la siguiente obra: Alberto Villoldo y Erik Jendresen. *The Four Winds: A Shaman's Odyssey into the Amazon.* New York: HarperCollins, 1992. Las entradas sin notas vienen de apuntes personales del autor.

Capítulo seis
1. Ver la nota 1 del capítulo cinco.

Capítulo ocho
1. Ver la nota 1 del capítulo cinco.
2. Ted Andrews. *Animal-Speak: The Spiritual & Magical Powers of Creatures Great & Small.* St. Paul, Minnesota: Llewellyn Publications, 1993.

Capítulo nueve
1. Viktor E. Frankl. *Man's Search for Meaning.* New York: Simon & Schuster, 1963.

Capítulo once
1. Para una descripción del viaje tibetano más allá de la muerte, ver *The Tibetan Book of Living and Dying*, de Sogyal Rinpoche.
2. Raymond Moody. *Reflections on Life After Life.* New York: Bantam, 1985.

Capítulo doce
1. Ver la nota 1 del capítulo cinco.
2. La teoría genética y la teoría darwiniana de la selección natural nos dicen que la evolución se produce entre generaciones y que la selección natural, la eliminación gradual de los miembros más débiles de las especies, dirigirá lentamente el curso de la evolución.
3. Me gustaría manifestar mi agradecimiento a Bill Smith por esta idea.

Epílogo
1. Ver la nota 1 del capítulo cinco.

ACERCA DEL AUTOR

El doctor ALBERTO VILLOLDO, psicólogo y antropólogo médico, ha estudiado durante más de veinticinco años las prácticas curativas de los chamanes incas y del Amazonas. Durante el periodo en el que trabajaba en la Universidad Estatal de San Francisco, fundó el Laboratorio de Autorregulación Biológica para estudiar cómo la mente crea la salud y la enfermedad psicosomáticas.

Es director de The Four Winds Society, centro educativo en el que forma a estudiantes de todo el mundo en la práctica de la medicina energética y la recuperación del alma. Tiene centros de formación en Estados Unidos –Nueva Inglaterra, California, y Park City (Utah)–, Reino Unido y Holanda.

Villoldo es autor de *Chamán, sanador, sabio*, *Soñar con valentía*, *La medicina del espíritu*, *La iluminación*, *Las cuatro revelaciones* y coautor de *Conecta tu cerebro*. En la presente obra utiliza su vasto conocimiento para exponernos una manera práctica y revolucionaria de descubrir el origen de antiguas heridas que pueden haberse producido durante la niñez o en vidas pasadas y que son las responsables de que nos desviemos de nuestro destino. A continuación nos enseña a rastrear las hebras de nuestro destino para descubrir nuestro mejor y más elevado futuro.

Ávido esquiador, senderista y montañero, dirige expediciones anuales al Amazonas y los Andes para trabajar con los sabios del continente americano.

Página web: www.thefourwinds.com

❋ ❋ ❋

ÍNDICE